和歌山カレーヒ素事件
判決に見る
裁判官の不正

河合 潤 [著]
京都大学名誉教授

現代人文社

Judges' Injustice in Wakayama Arsenic Judgement
First Edition

First Published, 2024
© Jun KAWAI, 2024
Printed in Japan
Gendai Jinbun-Sha Co,Ltd
ISBN978-4-87798-867-8

◎刊行によせて

第3次再審請求弁護団

　河合教授(当時)の研究室を訪ねたのは，今から14年前の2010年の秋であった．再審を請求したものの，既に万策が尽きていた．林眞須美さんの有罪を裏付ける証拠はもっぱらヒ素の同一性と林さんの毛髪へのヒ素の付着であった．ヒ素の同一性については，科警研の鑑定があり，「同一のものに由来すると考えても矛盾はない」との結論が出され，次いで中井泉東京理科大教授の「同一物，すなわち，同一の工場が同一の原料を用いて同一の時期に製造した亜ヒ酸である」との鑑定があった．中井鑑定は，何処の工場で製造されたか，どのような手法と原料で何時製造したか全く判っていないのに，どうしてそのように断定できるのか，うさんくさいことは判っていても，その鑑定手法がSPring-8という検証不可能な設備による蛍光X線分析という聞いたこともない手法であったことから，反論の糸口さえ見つからなかった．加えて，毛髪鑑定も同様であった．

　私たちは，過去，幾多の鑑定人と会ってきた．しかし，その多くは法医や精神医学の鑑定人であって，知識の豊富さは別として，私たちも勉強し，鑑定人と渡り合うことができた．確かに，科警研の鑑定はICP-AES(4.1節)を使った不純物鑑定で，凶器の亜ヒ酸は同一とは言えない違いがあることを指摘することはできたが，その後の河合教授が見つけた対数計算によるデータの改竄までは気付かなかった．SPring-8(1.2節)やフォトンファクトリー(3.2節)に至っては，見たことも聞いたこともなく，それによる蛍光X線分析など理解を超えるものであった．私たちは，SPring-8の大きさに圧倒され，それが，ICP-AESやその他の解析機器よりはるかに優れていると思い込んでいた．だから私たちは，科警研が計量した数値に同一とは言えないほどの大きな差があることに気付いていても，それだけでは到底無罪を獲得することができないと考えていた．

　第1次再審請求弁護団の数名は，河合教授の面前に立った．少しずんぐりと

してやや童顔．目が細くてにこやかに笑っている．SPring-8はまだまだ改良が必要な不完全な機材であること，しかも，今では馬鹿デカイばかりで，無用の長物となりつつあること．持ち運べる装置を開発したということで，河合教授考案の小型の分析器も見せてもらった．あふれるほどの知識と探究心，この人なら，力を貸してもらえる．私たちの中に直感が走った．もちろん，その場では，協力の約束を得ることができなかったが，これは大丈夫だという確信を抱いて，心躍る思いで京大のキャンパスを後にした．

　私たちには，検察が意図する有罪立証の構造は見えていた．まず，科警研鑑定で同一であることに矛盾がないという露払いをし，その上でこれをさらに上回るものとしてSPring-8を持ち出して，「同一物」だと断定し，その裏打ちとして，日本国内の同一工場で製造されたヒ素のサンプル25個を鑑定して不純物の差異がまるで指紋のように異同識別の決定要素とすることができるという鑑定をする．加えて，裁判所も職権鑑定に乗り出し，SPring-8による定量分析により中井鑑定を固めようとした．職権鑑定は，せいぜい「類似」ないし「同種」とまでしか鑑定しなかったが，確定判決はそれを「酷似している」(225頁)と言い換えた．既に中井鑑定「同一物」で勝負はついていた．

　しかし，河合教授と面談して18か月後，河合教授の学会誌への論文の発表があった．中井鑑定は，科警研鑑定の一部をなぞったに過ぎず，科警研の鑑定にも及ばないという論文である．さらに続いて，科警研の鑑定はICP–AESで得た不純物質の数値を加工して差異をわからなくさせるように見せかけたものであることが解明され，さらに25種類のサンプルの鑑定は全くのデタラメであることが判明した．さらに，毛髪鑑定にあっては，中井鑑定は，鉛とヒ素を取り間違えて計測していることや，山内聖マリアンナ医科大学助教授(当時)の鑑定は検出不可能な手法による鑑定であったことが明らかとなり，遂には，山内鑑定の鑑定手法そのものがヒ素の外部付着を検出できないものであったことが明らかにされた．

　私たちは，最高裁が事実認定にまで乗り出して有罪認定をするという異例の裁判をした和歌山カレー毒物混入事件では，再審請求も，下級審では最高裁の判断に反する事実認定は無理だろうと考えていた．勝負所は，最高裁，つまり，再審請求の特別抗告審だと見定めていた．しかし，残念なことに，最高裁に特

別抗告を取り下げたとされてしまい，その機会を失った．それでいま一度，再審請求を開始したばかりである．

本書は，河合教授の『鑑定不正』(日本評論社, 2021)の続編である．科警研の数値のごまかしや中井鑑定の誤りについては，既に『鑑定不正』で明らかにされているのでそちらを是非読んでいただきたい．そして，この『判決に見る裁判官の不正』では，毛髪鑑定の不正を中心に解説されているだけでなく，以下のように，次々と裁判所に対する指弾の言葉が記述されている．

「裁判は恐い．最高裁那須弘平裁判長ら5人の裁判官全員が確定第1審判決の日本語を読み間違えたか，裁判資料をそもそも読まなかったのだ．」(3.15節)

「冤罪は，一人の捜査官の不正によるものではなく，軽率な大学教授のアドバイスやそれを『何とかしてくれる』鑑定人や裁判官の不正などが複雑に絡み合った結果だったのだ．」(4.6節)

「刑事裁判の裁判官が不正によって冤罪をつくった」(5.5節)

小川判決は「2002年からちょうど20年後の民事裁判田口判決(2022)の直前まで，多くの裁判官をだまし続けた．」(5.6節)

「小川判決は48ミリ鑑定について証拠とすることもせず，言及もしなかったから，その悪質性は検察の論告を上回る．」(5.10節)

「小川判決(2002)は，遠藤裁判官が自認する以上に，芸術的とさえいえるほど良く書けた見事な判決だ．実質的な証拠が何もないにもかかわらず，そのうえ，検察の不正な論告や中井教授のまぎらわしい鑑定書にだまされることもなく，千ページ近い判決書では，慎重にことばを選んで，不都合な事実にはいっさい触れることなく，死刑判決を下した．しかも，後々，不注意な大阪高裁や最高裁，再審請求審の裁判官たちをもだまし続けた．」(5.10節)

「裁判官は常習的に下級審の判決文をこんな風に書き換えているのだろうか．いったん裁判で有罪になると，上級審へ行くほど，下級審の判決文が改ざんされて不利な文章がどんどん増えてゆく．」(5.11節)

「この6名の裁判官の誰一人として，『還元』という名前のヒ素分析方法であるにもかかわらず『還元される旨の指摘はされていない』という決定を書いていて論理的におかしいとは思わなかったのだろうか？　日本語を理解できない人たちが日本では裁判官の職に就いている．」(9.5節)

本文を読んでいただければ，これらの厳しい指弾の理由が科学として分析さ

れている．少々難解な場面もあると思うが，是非読んでもらいたい．とりわけ，裁判官諸氏や法曹関係者に，一般の市民の人たちにも熟読をお願いしたい．

　そして，二度とこのような不幸や過ちが起こらないことを期待したい．

和歌山カレーヒ素事件 判決に見る裁判官の不正

目　次

刊行によせて　第3次再審請求弁護団……………………………3

序　章
本書の概要と構成……………………8

第1章
カレーヒ素事件…………………………15

第2章
ヒ素異同識別中井鑑定は「一部前提を欠く」と認めた民事裁判………………26

第3章
林真須美の頭髪鑑定は，鑑定人が「自ら測定を行ったものではない」………40

第4章
小説『悲素』…………………63

第5章
林真須美頭髪48ミリに局在するヒ素検出に対する不正な判決とその連鎖……77

第6章
林真須美頭髪の3価無機ヒ素はDMAAとTMAだった…………………99

第7章
山内鑑定に対する田口判決（2022）………………105

第8章
正常値（100名）は、ねつ造、改ざん、盗用…………………111

第9章
山内鑑定の酸化還元………………118

第10章
山内鑑定の検出下限………………130

第11章
補足とまとめ………………141

おわりに………………150

序章
本書の概要と構成

　1998年7月25日，和歌山市の町内会の夏祭りで，何者かがカレーに亜ヒ酸を投入し，そのカレーを食べた67人が急性ヒ素中毒となり，うち4人が死亡した．本書では「カレーヒ素事件」と呼ぶ．亜ヒ酸を常習的に使って保険金詐欺をしていたとスクープ報道された林真須美が犯人として逮捕された．この大量殺人・殺人未遂事件の刑事裁判で和歌山地裁 確定第1審の裁判官は，約千ページの判決(2002)を書きながら，極めて重要な事実を書かないことによって冤罪をつくった．信じがたいことだが，これが本書の主題だ．

　聖マリアンナ医科大学 山内博 助教授は，シンクロトロン放射光実験に臨むことなく林真須美の一本の頭髪の「**切断部から48mm位置に高濃度の砒素を検出した．**」と鑑定書で結論した(1999.3.29検甲63)．本書ではこの鑑定を「⑦48ミリ」と呼ぶ．実際に鑑定を行なったのは東京理科大学 中井泉 教授だった(1998.12.16測定)．中井教授は，第43回公判(2000.10.4)で，ヒ素と鉛はX線では区別できないため，48ミリの鑑定には証拠価値がないという趣旨で「**砒素の場所に元素のピークが鉛のピークと重なるんですね，砒素のKα線と鉛のL線がですね．**」と証言していた．

　ヒ素と鉛は，偶然に同じ波長(10.5keV)の蛍光X線を発する．X線が目で見えたら，ヒ素と鉛が同じ色に見えることに相当する．物質に1次的にX線を照射したとき，2次的に物質が発するX線を「蛍光X線」と呼ぶ．蛍光X線は水素とヘリウムを除く全元素から発生し，元素に固有だ．ところがヒ素と鉛は偶然にも同じ波長の蛍光X線を発する．

　強力なX線を使用するシンクロトロン放射光施設では鉛ブロックなどを多用している．鉛はX線を通さないからだ．そんな実験環境で，頭髪に付着した花粉ひと粒大の亜ヒ酸粒子の検出は不可能だった．鉛のLα線はヒ素のKα線と区別できないからだ．赤いカーペット(鉛)の上の赤い糸くず(ヒ素)を，色だけで探すようなものだ．

確定第1審和歌山地裁 小川育央判決(2002)は，山内鑑定書(検甲63)自体は証拠採用したが，48ミリの位置にヒ素が検出されたことは有罪の理由としなかった．ところが48ミリに証拠価値がないことを判決に書かなかった．中井・山内 両鑑定人は，林真須美の有罪を立証する多くの鑑定書を提出していたからだ．48ミリの鑑定には証拠価値がない，と書けば，他の鑑定にも疑義が生じたはずだ．実際，他の鑑定もゴマカシだらけだった．

　林真須美死刑囚は，虚偽の鑑定書を提出したことなどが不法行為に当たるとして，中井・山内 両教授を大阪地裁民事裁判へ提訴した(2017.4.3)．この民事裁判 田口治美判決(2022)は，中井・山内両鑑定人に対する損害賠償請求を棄却したが，その棄却理由は，48ミリの鑑定が，そもそも確定第1審小川判決(2002)では，死刑判決の証拠として採用されていなかった，という趣旨だった．

　ところが，田口判決(2022)から17年さかのぼる刑事裁判確定第2審大阪高裁 白井万久判決(2005)は「<u>所論《弁護団の控訴趣意書等》がるる指摘する諸点</u>は，いずれも<u>上記鑑定書の信用性にかかわりこそすれ，その証拠能力に影響を及ぼすような事情とはいえない．</u>」(p.21)と判示していた．48ミリの鑑定には証拠価値がない，と「<u>るる指摘</u>」したのが林弁護団の「<u>所論</u>」だった．「<u>上記鑑定書</u>」とは「山内助教授による被告人の毛髪鑑定（甲63鑑定）」すなわち「<u>①48ミリ</u>」を指していた．

　確定第3審最高裁 那須弘平判決(2009)は，「<u>②被告人の頭髪からも高濃度の砒素が検出されており，その付着状況から被告人が亜砒酸等を取り扱っていたと推認できること</u>」を死刑判決3理由のうちの理由②とした．林真須美の頭髪に「<u>高濃度の砒素が検出</u>」されたという最高裁の判決は，先述した山内鑑定書の「<u>48mm位置に高濃度の砒素を検出</u>」に由来する．中井教授は，SPring-8で林真須美頭髪に付着したヒ素を検出しようとしたが「<u>砒素すら検出できなかった</u>」理由を「<u>それこそppmレベルの，100万分の1ですから極めて少ない量の砒素を検出しようと</u>」(43回p.33)したからだと証言していた．頭髪のヒ素は「<u>高濃度</u>」ではなく「<u>極めて少ない量</u>」だったから検出できなかったが，いつの間にか「<u>②被告人の頭髪からも高濃度の砒素が検出されており</u>」という最高裁判決になった．最高裁は48ミリを有効な証拠だと間違えた．この最高裁死刑判決は第1章の冒頭(1.1節)で引用して説明する．

＊　　　　＊　　　　＊

第1次再審請求審の和歌山地裁 浅見健次郎決定(2017)は「<u>河合異同識別論</u>

序 章　本書の概要と構成　**9**

文等により異同識別 3 鑑定の証明力に減退が生じた」(p.167)と，紙コップで
カレーに投入された亜ヒ酸が林家の亜ヒ酸と違うことは認めたものの，科警研
が濃度比を 100 万倍して対数をレーダーチャートに作図して同一であるかの
ように見せかけたことは「レーダーチャートの作成において科警研に隠蔽の
意図があったとは認められず」(p.95)と判示した．この判示は「隠蔽の意図」
を否定しただけだ．浅見決定(2017)は「異同識別 3 鑑定の証明力が減退した
こと自体は否定しがたい状況にある．」(p.151)とカレーの亜ヒ酸が林家の亜
ヒ酸と違うことを何回も認めた．ところが 1998 年「12 月 16 日に放射光分析
された際に測定された砒素に係る蛍光 X 線強度が，切断面から 48mm ないし
52mm の地点で検出」(p.142)されたから，たとえ亜ヒ酸の同一性は減退して
も，48 ミリの「毛髪鑑定の信用性が左右されるものではなく」(p.147)として
再審請求を棄却した．確定第 1 審判決では理由でも何でもなかった「48 ミリ」
を，浅見決定(2017)は死刑の主理由に格上げした．浅見決定(2017)は小川判
決(2002)を読み誤った．

＊　　　　　＊　　　　　＊

　浅見決定(2017)に続く大阪高裁 樋口裕晃決定(2020)も「48mm ないし
52mm の地点にのみ砒素の強いピークが計測された」として再審請求即時抗
告を棄却した．これらの判決や決定を書いた裁判官は，確定第 1 審小川判決
(2002)を読まなかったか，日本語理解力が不足して，小川判決を誤読したの
だ．弁護士は確定第 1 審の段階から 48 ミリに証拠価値がないことを理解して
中井教授に尋問していた(3.8節)．田口判決(2022)は 48 ミリに証拠価値がない
ことを正しく読み取った．確定第 1 審裁判官が千頁近い長大な判決文を書いた
のは，48 ミリの鑑定に意味がないことを千ページに隠すためだったと言わざ
るを得ない．
　2002 年の確定第 1 審和歌山地裁の不正な小川判決は，2005 年大阪高裁，
2009 年最高裁，2017 年和歌山地裁，2020 年大阪高裁という 4 つの裁判体を
だまし続けた．第 2 次再審請求審(生田再審)では，これに和歌山地裁 松井修決
定(2023)も加わった．結局 5 つの刑事裁判の裁判体が小川判決を誤読しつづ
けた．大阪地裁 民事裁判 田口判決(2022)だけが小川判決(2002)を正しく理解
した．刑事と民事とで裁判官の日本語能力はこんなにも違うものだろうか？
本書で言及する判決や決定を図表 1 にまとめた．法廷を開いて言い渡すのが判
決で，法廷を開かないのが決定だ．
　司法試験に合格した極めて優秀なはずの 17 名もの刑事裁判の裁判官全員が，

図表1. 本書で言及する判決や決定

小川（2002）	和歌山地方裁判所刑事部 裁判長裁判官 小川育央，裁判官 遠藤邦彦，藤本ちあき，被告人林眞須美に対する殺人，殺人未遂，詐欺被告事件 判決，2002年12月11日．判例タイムズ，No.1122（2003年8月30日号），pp.464（1）-133（332）；LEX/DB28085175.
白井（2005）	大阪高等裁判所 第4刑事部 裁判長裁判官 白井万久，裁判官 畑山靖，的場純男，平成15年（う）第250号 判決，2005年6月28日．判例タイムズ，No.1192，p.186（2005）.
那須（2009）	最高裁判所第三小法廷 裁判長裁判官 那須弘平，裁判官 藤田宙靖，堀籠幸男，田原睦夫，近藤崇晴，平成17年（あ）第1805号 判決，2009年4月21日．https://www.courts.go.jp/app/hanrei_jp/detail2?id=37539
浅見（2017）	和歌山地方裁判所刑事部 裁判長裁判官 浅見健次郎，裁判官 田中良武，藤田洋祐，平成21年（た）第2号 決定，2017年3月29日．判例時報，No.2345（2017年11月11日）pp.6-66；LEX/DB25545342.
樋口（2020）	大阪高等裁判所 第4刑事部 裁判長裁判官 樋口裕晃，裁判官 森岡孝介，柴田厚司，平成29年（く）第121号 決定，2020年3月24日．https://www.courts.go.jp/app/files/hanrei_jp/486/089486_hanrei.pdf
田口（2022）	大阪地方裁判所 第19民事部 裁判長裁判官 田口治美，裁判官 甲元依子，丸林裕矢，平成29年（ワ）第3251号 損害賠償請求事件 判決，2022年3月11日．LEX/DB25591862．https://www.courts.go.jp/app/hanrei_jp/detail4?id=91121
渡邉（2022）	最高裁判所第三小法廷 裁判長裁判官 渡邉惠理子，裁判官 戸倉三郎，宇賀克也，林道晴，長嶺安政，令和2年（し）第298号 決定，2022年4月13日.
松井（2023）	和歌山地方裁判所刑事部 裁判長裁判官 松井修，裁判官 佐藤智彦，英保博則，令和3年（た）第1号，同第2号，令和4年（た）第1号 決定，2023年1月31日.

2002年の和歌山地裁小川判決を誤読した．証拠価値がないと弁護士が再三指摘したにもかかわらず，17名の裁判官は，48ミリを死刑判決のゆるぎない証拠だと誤認した．三審制は機能していない．マスコミの注目を集めた裁判でもこのありさまだ．

　民事裁判田口判決(2022)は，確定第1審(2002)の裁判官の不正をあばき，その後の本件刑事裁判にかかわった上級審や再審請求審の裁判官全員の無能や怠慢をあばいた．

＊　　　　　＊　　　　　＊

　本書は，2021年に日本評論社から出版した『鑑定不正』の続編でもある．前著『鑑定不正』は鑑定人の不正な鑑定が主題だった．本書は，鑑定不正も扱

うが，裁判官の不正が主題だ．この序章で本書の主題をはっきり書いて，前著との違いを明らかにしておく．

本書では，『鑑定不正』をあちこちで引用したが，前著を読まなくてもその雰囲気がわかるように書いた．本書が主題とする裁判官の不正は第5章だ．第5章では2002年小川判決がどのようにごまかしたか，2005年大阪高裁，2009年最高裁，2017年和歌山地裁，2020年大阪高裁という4つの裁判体がどのようにだまされたかを，具体的に判決や決定を引用して解説した．事件に詳しい読者は第3章から読み始めることができるようにも書いた．第3章では裁判官の不正のもとになった48ミリの鑑定に対する中井証言を扱った．第5章を真っ先に読めば，ズバリ核心に迫ることもできる．

カレーヒ素事件とその裁判の概要は第1章に書いた．2021年6月の林真須美の長女と2人の孫娘の痛ましい死亡事件，特別抗告取下，取下無効の申立てとそれに対する最高裁 渡邉惠理子決定(2022)も解説した．生田暉雄弁護士による第2次再審請求と，それを棄却した和歌山地裁松井修決定(2023)についても48ミリの間違いを説明した．安田好弘・本田兆司ら8名の弁護士による第3次再審請求(2024.2.2)に関しても触れた．

第2章は前著『鑑定不正』の主題の亜ヒ酸異同識別鑑定の不正を，民事裁判田口判決(2022)に即して解説した．前著『鑑定不正』は田口判決の半年前に出版したから，前著を読んだ読者にも，田口判決が異同識別中井鑑定をどう判示したかは興味あるはずだ．異なる亜ヒ酸を対数計算で同じに見せた科警研鑑定を，カンニングしたのが，中井鑑定だとわかる．犯人は林真須美ではないし，林家も関係ない．犯人は別にいる．林家の亜ヒ酸と，カレーに亜ヒ酸を投入した紙コップに付着した亜ヒ酸とは，それらの先天的元素組成も後天的元素組成も異なるからだ．ただし亜ヒ酸が違うという証明は，本書だけでは十分ではなく，前著『鑑定不正』を読んでもらう必要がある．『鑑定不正』では過去の分析値から，対照実験，偶然の盲検試験，空試験(ブランクテスト)，分析値の再現性のチェック等に相当するデータを抽出して分析化学のテクニックを駆使した自信作でもある．出版社は違うが『鑑定不正』の正誤表も本書の最後に掲載した．

第4章は作家 帚木蓬生の小説『悲素』によって裁判資料から欠落した部分をおぎなった．小説『悲素』はフィクションだが，第3章でよくわからなかったこの事件の全貌が矛盾なく一貫性を持つことに読者は驚くはずだ．小説のネタバレにならないように引用は最小限とし，小説の裏付けとなる事実も裁判資

料から引用した.

　聖マリアンナ医科大学 山内助教授(鑑定当時)のヒ素分析方法は, 1979年頃から間違っていた. 山内助教授は自分のヒ素分析手順には複数の間違いや問題があることに気づいても正式に訂正したことはなく, 2020年2月14日の民事裁判反対尋問まで40年間も隠してきた. 米国科学アカデミーは山内助教授の論文がおかしいことをカレー事件の翌年(1999)に指摘していた. 日本の理系の学会は, 裁判に関係した議論を極端に避ける傾向がある. 専門学会さえ放置した山内鑑定のゴマカシを, 林真須美原告代理人弁護士は民事裁判でどのようにあばいたかを中心に据えて, 1979年から2020年の証人尋問までの40年間に何重にも隠ぺいされた山内鑑定の不正を第6章から第11章を使って明らかにした.

　第6章は山内証言を引用して山内鑑定のゴマカシを明らかにした. 第7章では判決のpHや回収率という化学用語が現れてやや難解かもしれない. 第8章は複数の科学論文を比較して, 山内鑑定書のネカト(ねつ造・改ざん・盗用)を示した. 裁判官が日本語を理解できないことは各所で言及したが, その最たるものが, 弁護団が「刊行によせて」で引用した9.5節の「実験前の予想」と「実験後の結論」とを取り違えた和歌山地裁と大阪高裁の再審請求棄却決定だ. 本書後半の山場は和歌山地裁や大阪高裁の決定を引用した第9章だろう. 最初に9.5節を読むのも良いかもしれない. 第10章では私に対する証人尋問などを引用した. 第11章は補足と本書後半のまとめだ.

　本書前半は, 刑事弁護OASISの隔月合計4回のWeb連載(2023年2, 4, 6, 8月)〔https://www.keiben-oasis.com/tag/ 和歌山カレー事件〕をもとにしている. 『鑑定不正』やOASIS連載や私の講演は「**辛いくらい難しかった**」「**難解さは変わらない**」「**懸命に聴くも分からんかった**」というコメントをもらった. だから本書は思い切って易しくした. 厳密な解説はOASIS連載にあるからだ.

　カレーヒ素事件とは, 鑑定人の不正な鑑定書には証拠価値がないことを認識した裁判官が芸術的とも言える判決文によって作出した冤罪事件だ.

＊　　　＊　　　＊

　引用は「**ボールド**」で, 河合の補足は《2重ブラケット》で, 後に言及する部分は<u>アンダーライン</u>で示した. **ボールド**は飛ばし読みし, <u>アンダーライン</u>だけ目を通せば速読できる. 文章は「,(コンマ) .(ピリオド)」と英数字で統一した. 助教授等は, 当時の職位で呼んだ. 本文中では「田口判決(2022)」のように裁判長名と年によって判決や決定を引用した. 学術論文はDOI等を付して,

読者が直接参照できるようにした．国際DOI(Digital Object Identifier)財団の
ホームページ〔https://www.doi.org〕の長方形の枠に，たとえば「10.1002/
xrs.2462」というDOIを入れると，X–Ray Spectrometry誌の河合英語論文に
直接たどり着き，全文が無料で読める．有料論文の場合でも最初の数ページや
概要だけなら無料で読める．有料論文はクレジットカード番号を聞かれるが，
高額なので，Google Scholarを検索すれば無料バージョンが見つかることが
多い．この河合英語論文なら，印刷に回る前の原稿そのものが，京都大学図書
館機構のKURENAIで見つかる．

　漢字が長く続く場合には，スペースを入れて分かち書きにした．用語の統一
にはこだわらず，「以下○○という」と断ることもせず，同じ意味の単語(マイ
クログラムとμgなど)で言い換えた．誤解されやすい表現を別の表現で自在に
言い換える英語科学論文の書き方に倣ったものだ．「括弧」の中の括弧は，う
るさくなる場合には『　』を使わず「　」にしたり省略した．裁判で遭遇する
文章に比べて簡略化し，表現の統一にこだわらずに書いた．

　DMAやDMAAなどのヒ素化合物は，原文のまま引用し，統一していない．
山内論文では「ジメチルアルシン酸」$(CH_3)_2AsO(OH)$をDMAAと略す一方で，
その論文のDMAAを，1990年以降の山内論文ではDMA(ジメチル化ヒ素)とし
て引用しているからだ．ジメチル化ヒ素はジメチルアルシン酸だけでなく，そ
の類似化合物も含む．

　本書で「亜ヒ酸」と呼ぶのは，As_2O_3という化学式の白色粉末を指す．食卓
塩が純粋なNaClではなく海水のミネラル成分を含むように，本件の「亜ヒ酸」
もSb(アンチモン)やBi(ビスマス)などの不純物元素を含む．As_2O_3粉末を水に
溶かすとAsO_3^{3-}やAsO_2^-という亜ヒ酸イオンになるが，本書では固体も水溶
液も区別せずAs(III)や「3価無機ヒ素」や「亜ヒ酸」と呼んだ．蛍光X線で
はAs_2O_3とDMAのヒ素を区別できないから，ヒ素やAsと元素名や元素記号
で書いた場合もある．

　刑事裁判確定第1審の鑑定書等は「検甲63」などと検を付した．民事裁判
の原告甲号証や被告乙号証，刑事裁判第1次再審請求審の「新弁号証」とは区
別できるはずだ．

　本書では，第1次再審請求(安田再審)に対する決定が，和歌山地裁浅見決定
(2017)，大阪高裁樋口決定(2020)，最高裁渡邉決定(2022)であり，2021年の
生田再審を第2次再審請求，2024年2月2日提出の本田・安田弁護士ら8名
の弁護団による再審請求を第3次再審請求と呼ぶ．

第1章
カレーヒ素事件

1.1. カレーヒ素事件とは

　和歌山市の自治会の夏祭り(1998.7.25)で，何者かがカレー鍋に大量の亜ヒ酸を混入し，死者4名を含む多数の急性ヒ素中毒被害者を出した．林真須美が犯人として逮捕され，地裁で死刑判決(2002)，大阪高裁(2005)と最高裁(2009)でも棄却されて死刑が確定した．しかし現在(2024)に至るも林真須美は，26年間一貫して犯行を否認し続けている．

　図表1(序章)のWebアドレスに全文が公開されている最高裁那須判決(2009)は「自治会の夏祭りに際して，参加者に提供されるカレーの入った鍋に猛毒の亜砒酸を大量に混入し，同カレーを食した住民ら67名を急性砒素中毒にり患させ，うち4名を殺害したが，その余の63名については死亡させるに至らなかったという事案（以下「カレー毒物混入事件」という．）であるところ，被告人がその犯人であることは，①上記カレーに混入されたものと<u>組成上の特徴を同じくする亜砒酸</u>が，被告人の自宅等から発見されていること，②被告人の頭髪からも高濃度の砒素が検出されており，その付着状況から被告人が亜砒酸等を取り扱っていたと推認できること，③上記夏祭り当日，被告人のみが上記カレーの入った鍋に亜砒酸をひそかに混入する機会を有しており，その際，被告人が調理済みのカレーの入った鍋のふたを開けるなどの不審な挙動をしていたことも目撃されていることなどを総合することによって，<u>合理的な疑いを差し挟む余地のない程度に証明されていると認められる</u>（なお，カレー毒物混入事件の<u>犯行動機が解明されていない</u>ことは，被告人が同事件の犯人であるとの認定を左右するものではない．）．」と判示し，裁判官5名全員一致で，上告を棄却し死刑が確定した．

　前著『鑑定不正』では理由①が鑑定不正によることを明らかにした．理由①の亜ヒ酸が同一でなかったことを和歌山地裁浅見決定(2017)が「**異同識別3**

鑑定の証明力に減退が生じた」と認めた．凶器の亜ヒ酸が異なり，「**動機が解明されていない**」にもかかわらず，「**合理的な疑いを差し挟む余地のない程度に証明されている**」とした最高裁判決は今となっては無意味だ．理由②は確定第1審から証拠にすらなっていなかったと示すのが本書の主題だ．理由③については私の専門ではないから扱わないが，弁護団は③を否定する証拠写真も第3次再審請求審へ提出した．最高裁那須判決(2009)は全滅だ．

1.2. 亜ヒ酸異同識別鑑定と鑑定人に対する損害賠償請求民事裁判

兵庫県播磨科学公園都市に，山頂を取り巻くように建設された周長1.5キロメートルのスプリングエイト(SPring-8)と呼ぶ円環状の巨大シンクロトロン加速器施設がある．このSPring-8において東京理科大学中井泉教授は，1998年12月に亜ヒ酸の異同識別鑑定を行なった．犯行に使われた「**紙コップ**」に付着した亜ヒ酸と，林真須美の夫がシロアリ駆除業に使っていた複数の「**林真須美関連亜ヒ酸**」とは，どれも「**同一物，すなわち，同一の工場が同一の原料を用いて同一の時期に製造した亜ヒ酸であると結論づけられた．**」（中井鑑定書検甲1170p.8)と鑑定書に書いた．

林真須美は中井教授らに対して，虚偽の鑑定書を提出したことなどが不法行為に当るとして損害賠償金を支払うよう大阪地裁へ提訴した(2017.4.3)．この民事裁判の原告代理人弁護士は，安田好弘・本田兆司弁護士ら刑事裁判の第1次再審請求弁護団と一部重なる．2017年3月29日の和歌山地裁再審請求棄却決定(浅見2017)から2020年3月24日の大阪高裁再審請求即時抗告棄却決定(樋口2020)までの刑事裁判の3年間に，死刑判決の理由とされた検察側鑑定書の多くが間違っていたという新証拠，鑑定人の陳述書，証言等が，民事裁判で続々と出た．

1.3. 民事裁判の経過 —— 裁判長交代と弁論の更新

この民事裁判は大阪地裁医事部の山地修裁判官らが受命裁判官となって第1回準備手続が始まり(2017.10.20)，図表2の経過をたどった．「**原告からの人証申請については，いずれも採用する方向で考えている．**」（第13回弁論準備手続調書，2019.5.23)と山地裁判官が述べたのが最大の転機だった，と安田弁護士は振り返る．

図表2. 民事裁判の主な経過

期　日	裁判長	裁判官	
2020年1月30日	山地修	甲元依子, 野上恵里	主尋問 (河合, 中井, 山内)
2020年2月14日	山地修	甲元依子, 野上恵里	反対尋問 (河合, 中井, 山内)
2020年7月10日	田口治美	甲元依子, 丸林裕矢	最終弁論結審 (予定)
2021年1月27日	田口治美	甲元依子, 丸林裕矢	弁論の更新 (コロナ流行により延期)
2021年4月16日	田口治美	甲元依子, 丸林裕矢	弁論の更新 (忌避申立のため中止)
2021年9月14日	田口治美	甲元依子, 丸林裕矢	弁論の更新 (河合証人尋問)
2022年3月11日	田口治美	甲元依子, 丸林裕矢	判決

　この民事裁判では，わたくし河合と，被告鑑定人 中井・山内 両教授の3人に対して主尋問(2020.1.30)と反対尋問(2020.2.14)が行なわれた．証言内容が極めて専門的になるから，3人が互いにすべての証言を聞くことができるように証人尋問が行なわれた．ふつうは，証人につじつま合わせをさせないために，他の証人の尋問を聞かせないそうだ．

　最終弁論結審予定だった2020年7月10日朝，図表2のとおり裁判官が交替した．原告代理人弁護士は裁判官の交替をこの朝初めて知ったという．山地裁判長は大阪地裁から別の裁判所へ異動したわけではなかった(次節参照)．

　2020年7月10日午前で結審し，残すは判決の言い渡しだけになるところ，林真須美代理人弁護団はその場でとっさに「弁論の更新」を請求した．2021年1月27日に，私だけがもう一度証人尋問を受けることになったが，二転三転して9月14日に弁論の更新のための証人尋問が行なわれた(図表2)．「弁論の更新」とは新しい裁判官の下で証人尋問をやり直すことだ．Webによれば，直接主義を満たすためということだ．被告中井山内代理人弁護士は原告林代理人弁護士に，裁判官交替前と同じ尋問以外はしないように要求したが，新しい裁判官は，前の裁判長とは全く異なる尋問をした．同じでなくても良いらしい．林代理人弁護士は被告鑑定人 中井山内両教授に対する弁論の更新も請求したが，認められなかった．中井山内両教授は，9月14日は欠席した．

　弁論の更新のための証人尋問が延びている間に，私は前著『鑑定不正』を日本評論社から冊子版とKindle版とで出版した(2021.8.31)．アマゾンの売れ筋ランキングでは発売後数か月は分析化学でトップだったことも何度かあった．

第1章　カレーヒ素事件　**17**

1.4. 山地裁判長の別の判決

　山地裁判長は，裁判長を交代後も，林真須美が提訴した別の民事裁判を大阪地裁で担当していた．2021年11月12日の「**林真須美死刑囚，弁護士と面会制限，国に慰謝料命じる，大阪地裁**」というWeb版NHKニュースによると，「毒物カレー事件で死刑が確定し，拘置所に収容されている林真須美死刑囚が再審＝裁判のやり直しを求めるための弁護士との面会が制限されたのは不当だと訴えた裁判で，大阪地方裁判所は「死刑囚にとって重要な利益を侵害し違法だ」などとして，国に対し89万円の慰謝料の支払いを命じました．」「この裁判の判決で大阪地方裁判所の山地修裁判長は11日「再審請求の打ち合わせは死刑囚にとって重要な利益で十分に尊重されなければならない．拘置所は規律や秩序を害する具体的なおそれがないのに制限するのは裁量権の範囲を逸脱して死刑囚の利益を侵害しており，違法だ」という判断を示しました．」このWebは掲載期限を過ぎたため存在しないが，新聞社のホームページでは同様の記事が見つかる．

　田口判決(2022.3.11)の4か月前(2021.11.11)に山地裁判長が大阪地裁で林真須美の別の民事裁判を担当していた．それなら裁判長を入れ替えたのは誰か？　なぜか？

　11月11日の判決によって，面会時間の上限やコンピュータの持ち込み禁止など，それまで全国の拘置所で行なわれてきた様々な制限が緩和されたという．どうやら，林真須美は司法制度改革に貢献しているらしい．

1.5. 最高裁報告事件

　磯村健太郎，山口栄二著『原発に挑んだ裁判官』(朝日文庫, 2019)には，東京電力・柏崎刈羽原発訴訟の裁判官だった西野喜一新潟大学元教授へのインタビューが掲載されている．西野元裁判官によると，訴訟記録のファイルの表紙には「ゴム印で『報告事件』と押されているものがあった．」「報告事件はありふれた事案とは違い，最高裁に別途，報告することになっているものだ．」(p.183)，「報告事件にもいくつか類型があるようでした．ひとつは『こういう事件の提起がなされた』あるいは『こういう判決となった』ということだけを報告すればよいもの，そのほかに，毎回の期日ごと，どんな書面のやりとりをしたかという内容まで報告するものがあったと聞いています．」(p.185)，「西

野さんは意外なことを語り始めた．裁判官たる者，証拠とそれを用いた立証だけから結論を導き出す．それが前提としつつも『それ以外に判決を左右する要素があるんです』というのだ．」(p.182)．

　弁護士の間では「最高裁報告事件」としてよく知られているという．裁判長が交替したということは，林真須美の民事裁判も「最高裁報告事件」だったのだろう．そういう裁判は，弁護士を見ていると，逆にやりがいのある裁判のようだ．

1.6. 林真須美の長女と2人の孫娘の死

　月刊誌「創(つくる)」2021年8月号には，篠田博之編集長の「**和歌山カレー事件・林眞須美さん長女の最後があまりに悲しい**」(pp.10–15)と題する記事が掲載された．篠田編集長は林真須美と郵便で手紙のやりとりをしている．「創」からの抜粋を示す．

　　2021年「6月9日16時前に大阪の関西空港連絡橋から女性が娘を抱いて40メートル下の海へ身を投げたという関空橋転落死事件が，11日夜から報道されていた．その第一報では伏せられていたのだが，死亡した女性が林眞須美さんの長女らしいという情報がマスコミを駆け巡っていた．」「関空橋転落死事件は，同じ9日に発生した虐待死事件との関連で捜査が行なわれていた最中だった．警察が，亡くなったのが長女であるとの連絡を健治さん《林真須美の夫》に伝えてきたのはその何日か後のことだった．」「実は偶然なのだが，9日には彼女にとって大きなもうひとつの報道もなされていた．5月31日付でなされていた和歌山カレー事件の新たな再審請求がその日，和歌山地裁に受理されたのだった．新たな再審請求の弁護人となった生田暉雄弁護士が会見を行ったのは16日．」「その再審をめぐる動きも大きな事柄で，彼女は新たに始めた再審申し立ての一方で，これまで長年行われてきた安田好弘弁護団による再審申し立て，最高裁で審理がなされていた特別抗告を20日付で取り下げるという行動も起していた．」

　「これまで続いてきた安田好弘弁護団による再審請求と，新たな請求と二本立てで進むことも可能なそうで，当然そうなるものと思われたのだが，何と6月20日に眞須美さんは，最高裁で審理されている安田弁護団

による特別抗告を取り下げた．地裁高裁と棄却されて最高裁にかかっていた再審請求を眞須美さん自らが取り下げてしまったのだった．」

　林真須美の長男は「お姉ちゃんが死んだって聞いた時に『もう楽になったんだ．ゆっくり休めるんだな』って思った．『ちょっと羨ましいな』みたいな気持ちもあった」とツイッターに投稿していることも，篠田は「創」の記事に書いている．犯行に使われた亜ヒ酸は，林家の亜ヒ酸とは成分が違うから，林真須美は無実だ．林家も無関係だ．

　25年間ずっと無実を主張してきた林真須美が，娘と2人の孫娘の死を知り動揺して書いた紙片を，最高裁特別抗告取下げだとみなして最高裁へ送った大阪拘置所や，次節で引用する最高裁渡邉惠理子決定(2022)を知ると，ジャスティスとは真逆の印象を司法組織全体から受けるのは私だけだろうか．最高裁大ホールには天秤と剣とを持つLady Justice(正義の女神)の像があるそうだ．本書を読めば正義の女神の剣によって裁かれるべきは裁判官だとわかるはずだ．

1.7. 最高裁への特別抗告取下書とみなされた便箋

　弁護団の許可を得られなかったのでB5便箋1枚のコピーを示すことはできないが，右上の欄外に「**3.6.20 ⑧**《2021年6月20日(日曜)》**女子しょくいんにわたす，女子部長あずかっとくと告知**」というメモが書かれている．林真須美再審弁護団によると，このメモは林真須美自身の筆跡だという．「**令和2年⒧第298号 取下書 令和3年6月14日 林眞須美**」と自筆であり，大阪拘置所の郵便番号・市区町番地等と生年月日・年齢の次に「**最高裁判所第3小法廷御中本件『特別抗告申立書』を取下ます．**」とだけ書かれている(この文章だけ句読点はそのまま記した)．弁護団が最高裁でコピーしたものを見せてもらった．

　娘と2人の孫娘の痛ましい死を知った直後の動揺した精神状態で書いたこの紙は，どう考えても無効だろう．弁護団は最高裁へ「**申立人が訴訟能力を喪失した状態において作成されたものであり，また真意に基づかないで提出されたものであって本件取下は無効であるから，特別抗告審の審理を続行されたい．**」とする「特別抗告取下無効の申し立て」(2021.8.19)を提出した．しかし最高裁は「**本件抗告は，令和3年6月20日取下げにより終了したものである．**」という主文の決定を出した(2022.4.13)．「**令和3年6月20日**」とは紙片右上の

メモの日付だ．それなら「**あずかっとく**」だけだったはずだ．欄外のメモの日付「**3.6.20 ㊐**」の方が，本文の日付「**令和 3 年 6 月 14 日**」より正式らしい．提出後に林真須美が「**女子部長あずかっとくと告知**」と書くことができた経緯は不明だ．コピーだから断言できないが，欄外のメモは鉛筆書きのように見えた．

「特別抗告取下無効の申し立て」には安田弁護士は入っていない．安田弁護士はこの時，林真須美に弁選（弁護人選任届，弁護士が被告人の弁護人に選任された旨を示す書類）を取り消されていた．当時，安田弁護士は闘病生活から回復したばかりで，コロナ流行もあって活発ではなかった．林真須美としては不満があったはずだ．なお「**真意に基づかないで提出されたもの**」とは，「**女子部長あずかっとくと告知**」というメモのことだ．預かっただけのはずが，大阪拘置所は最高裁へ送った．拘置所は弁護士にまず連絡すべきだったのではないか．司法組織は依頼人と弁護士とのスキにつけ込んだのだ．判決が覆る瀬戸際だったからだ．

真須美の娘と 2 人の孫娘が死亡（2021.6.9）した最悪の精神状態で書いたメモ（2021.6.14）を悪用した最高裁渡邉決定（2022）の「**理由**」は「**申立人は，再審請求事件について，令和 2《2020》年 3 月 24 日大阪高等裁判所がした即時抗告棄却決定に対し，同日 本件抗告を申し立て，令和 3《2021》年 6 月 20 日本件抗告を取り下げたものであるところ，同年 8 月 19 日，本件抗告の取下げは無効であるから，審理の続行を求める旨申し立てた．しかし，記録によれば，申立人による本件抗告の取下げは有効にされたものと認められるから，これによって本件抗告は既に終了したものである．よって，裁判官全員一致の意見で，主文のとおり決定する．**」と判示した．主文と合わせてこれで全文だ．

「**本件抗告は既に終了したものである．よって**」「**終了したものである．**」という同義反復の決定文はまともな日本語とは言えない．確定第 1 審の 48 ミリの裁判不正やそれにだまされた上級審や第 1 次再審請求審の怠慢をもみ消したのが最高裁渡邉決定（2022）だ．この対応は，ジャニーズなど，最近続いた劣化組織の危機管理対応と同じだ．最高裁も例外ではなく，劣化している．

証拠をもとに判断すれば，林真須美は冤罪だ．例えば和歌山地裁浅見決定（2017）は，青色紙コップの亜ヒ酸が林家の亜ヒ酸とは違うことを「**河合異同識別論文等により異同識別 3 鑑定の証明力に減退が生じたが**」「**河合毛髪論文等は毛髪鑑定等に係る確定判決の事実認定に動揺を与えるものではない**」（p.167）と，亜ヒ酸の異同識別鑑定に証明力がもはやないことを認めざるを得ない状況になっても，証拠価値のない 48 ミリのピークが 1998 年「**12 月 16 日に放射光**

分析された際に測定された砒素に係る蛍光X線強度が，切断面から48mmないし52mmの地点で検出」(p.142)されたことを理由として，再審請求を棄却していた．

大阪地裁田口判決(2022.3.11)が，確定第1審小川判決の「48ミリ」の不正を指摘した1か月後(2022.4.13)に最高裁渡邉恵理子裁判長は「**本件抗告は既に終了したものである．よって**」「**終了したものである．**」と判示した．最高裁渡邉裁判長は，田口判決によって，確定第1審小川判決(2002)の裁判不正を知り，あわてたらしい．理由と主文の重複は最高裁のあわてぶりをよく表している．最高裁がもみ消したかったのは，次の5点だ：(i)確定第1審小川判決(2002)の不正，(ii)第2審大阪高裁 白井判決(2005)が弁護士の控訴趣意書を「るる」だとして48ミリが有効だと間違えたこと，(iii)最高裁那須判決(2009)が48ミリに基づいていたこと，(iv)第1次再審請求審 和歌山地裁浅見決定(2017)と(v)同 大阪高裁樋口決定(2020)が，48ミリを有効だと間違えたこと．これらの裁判の汚点に気づいたからこそ，最高裁渡邉決定は「**本件抗告は既に終了したもの**」として，自分たちの任期中にこの事件を扱うのを避けて先送りしたに過ぎない．

1か月前の田口判決(2022)が小川判決(2002)の裁判不正をあばいた判決だったことを渡邉裁判長は十分に認識したはずだ．最高裁の5人の裁判官が，田口判決を理解できなかったはずはない．法律の全く素人の私でさえ，田口判決は理解できた．

1.8. 生田暉雄弁護士

生田暉雄弁護士は，無罪判決を多く出した木谷明裁判長の下で裁判官を務めたという．木谷裁判長は『イチケイのカラス』の駒沢部長のモデルの一人だそうだ(弁護士ドットコム)．『イチケイのカラス』は浅見理都のマンガで，テレビドラマと映画になった(Wikipedia)．私はマンガもテレビドラマも知らなかったので，瀬戸内を舞台にした映画を見たが，駒沢部長と言われてもピンとこない．木谷裁判長は郵便不正村木事件など28件の違法捜査を解説した『違法捜査と冤罪』(日本評論社，2021)等の本を，裁判所を退官後に出版している．いずれも捜査の不正を扱い，裁判官の不正は扱っていない．

生田弁護士は万代宝書房から『和歌山カレー事件「再審申立書」』(2021.6.16)(『パートⅠ』と呼ぶ)，同『パートⅡ』(2021.11.11)，同『パートⅢ』(2022.1.16)

等の本を出版している．林真須美の支援者だった泉南市の元市議 小山広明さ
ん(2023.1.30逝去)は，その何冊かを私に送ってくれていた．生田弁護士が再
審請求(2021.5.31)をするようになった経緯は次のとおり『パートⅠ』に書か
れている．

　「平成20《2008》年頃から，林氏から何度か生田の本を読んだ，再審の申
立てをしてくれとの執拗な手紙をいただいていた．やっと，まとまった時間の
取れた令和2《2020》年9月23日，林氏の依頼で大阪拘置所で本人に面会し，
再審申立ての《を》受任した．その後，記録を取寄せ，検討は12月20日か
らはじめた．受任直後から当時の新聞（朝日，毎日，読売，産経，中日，和歌山新報）
の検討を併行した.」(p.3)

　「平成20《2008》年」は最高裁判決(2009)の前年だから，ずいぶん前から
生田弁護士に助けを求めていたことがわかる．

　生田再審(第2次再審)の要点は，「一番驚いたことは，死刑判決にもかかわら
ず，死亡した4人の直接の死因の証拠として，死亡即日及び翌日に解剖された
ことが存在しているはずの解剖結果，死亡診断書，死体検案書が裁判に，死亡
した4人の死因を立証する証拠として全く提出されていないと言うことです.」
「捜査機関，裁判所関係者らが避けたがっている死因に何か意味がある気がし
ました.」「本件の判決は死刑を宣告する判決ですが，死亡した4人の死因の証
拠はもちろん解剖結果，死亡診断書，死体検案書は使われていませんので，死
因を直接立証する証拠は判決書の中に全く無いということです.」「刑事訴訟法
が命じる朗読や同規則の命じる要旨の告知すらしていないこと．三人の裁判官
の誰一人として，証拠を見ずに，読まずに判決をしていること．このような出
鱈目な裁判が行われていることの重大な証左です.」(pp.3-5)

　『パートⅡ』は「保険金詐欺関係」の再審申立書，『パートⅢ』は「ヤケド保
険金詐欺関係」ということだ．序章で述べたとおり，本書では生田再審請求を
第2次再審請求(『パートⅡ』『パートⅢ』等を含む)と呼ぶ．

　生田再審は，元裁判官の生田弁護士から見て和歌山地裁小川判決(2002)が
「避けたがっている死因に何か意味がある」という直感をもとに証拠を整理し
たものだ．

1.9. 生田再審と松井決定(2023)

　大阪拘置所で生田弁護士と偶々すれ違った弁護士から聞いた話では，生田弁

護士は私の前著『鑑定不正』にびっしりと付箋を張って待ち時間に読んでいたそうだ．生田弁護士は私の著書『鑑定不正』を生田再審の証拠として和歌山地裁へ提出した．「最高裁への特別抗告取下書とみなされた便箋」(1.7節)で述べた文書の右上の日付(2021.6.20)から2か月後に『鑑定不正』は出版(2021.8.31)されたから，安田弁護団は『鑑定不正』を最高裁へ証拠として提出できなかった．

　和歌山地裁は2023年1月31日付で，生田弁護士の『パートⅠ』～『パートⅢ』からなる第2次再審請求(生田再審)を棄却した(松井決定2023)．

　松井決定(2023)には「**請求人は，このうち②**《**毒物として用いられた亜ヒ酸と請求人方等から押収された亜ヒ酸は同一ではない**》**及び③**《**毛髪に外部付着に由来する亜ヒ酸が付着していたとの鑑定は誤りである**》**について，確**定判決が依拠した砒素に関する鑑定には誤りがあるとの内容の河合潤作成の書籍を新証拠として挙げる．しかし，前請求における弁護人は，前記書籍と同旨をいう河合潤作成の鑑定書，意見書及び論文を新証拠として提出し，その内容に沿って，鑑定，証拠開示等の職権発動を促すとともに，刑訴法435条6号の事由があるとの主張をしていたところ，前記第1の2(3)から(6)のとおり《(3)第1次再審請求，(4)和歌山地裁浅見決定(2017)，(5)大阪高裁樋口決定(2020)，(6)最高裁渡邉決定(2022)》，前請求《第1次再審請求，いわゆる安田再審》の棄却決定は確定している．したがって，この点の請求人の主張は，棄却決定が確定した前請求におけるものと同一の理由を主張するものであるから，刑訴法447条2項に照らし不適法である．」と判示した．

　「**本件抗告は，令和3**《**2021**》**年6月20日取下げにより終了したものである．**」という(6)最高裁渡邉決定(2022)の主文を根拠として，松井決定(2023)は，生田再審を棄却した．

　ここで注目すべきは，松井決定(2023)が「**前記第1の2(3)から(6)のとおり**」と書く(4)和歌山地裁浅見決定(2017)と(5)大阪高裁樋口決定(2020)という2つの棄却決定を根拠として「**不適法である**」と判示した点だ．浅見決定(2017)と樋口決定(2020)は，「48ミリ」が小川判決(2002)の判決理由だと誤認して，再審請求を棄却したから，松井決定(2023)は，その間違った2つの決定を根拠に生田再審を棄却したことになる．和歌山地裁松井裁判長は，不正な「48ミリ」の判示について読み誤ったことは明らかだ．田口判決(2022)を知っていたら，浅見決定(2017)や樋口決定(2020)をこんなに堂々と列挙した決定は書けないから，松井決定(2023.1.31)は立派に「**証拠とそれを用いた立証だけから結論を導き出**」(1.5節)したことになる．

24

1.10.「河合潤作成の書籍」

　法律の素人の私が説明するのも妙だが，生田再審を棄却した和歌山地裁松井決定(2023)が引用する「**刑訴法447条2項**」は，同じ理由で再審請求できない，ということらしい．「**河合潤作成の書籍**」すなわち『鑑定不正』という本をこれほどまで邪魔にする松井決定(2023)は不自然だ．『鑑定不正』の「おわりに」(p.205)で，林真須美弁護団が裁判所へ提出した河合意見書「**の内容をまとめたから，本書に書けなかった鑑定不正のほうが実は多い．本書では鑑定不正の中からわかりやすいものを選りすぐった．**」と書いておいたのを松井裁判長らが見つけたから，「**棄却決定が確定した前請求**《安田弁護団による第1次再審請求》」の河合意見書と同じとみなすという回りくどい論法を使ったのだろう．できの悪い学生は，本の前書きと後書きだけを読んでレポートを書く．前著で「**鑑定不正の中からわかりやすいものを選りすぐった**」と書いた時「この本は河合意見書の内容とはかなり違うが，こう書けば長文の河合意見書を読まなくて済むと安心する弁護士がいるかもしれない」と思いながら書いた記憶がある．だから松井決定が『鑑定不正』の「おわりに」(p.205)を根拠としていることはすぐわかった．松井裁判長らが河合意見書と『鑑定不正』をちゃんと読み比べていたらこうは書けない．

　生田弁護士は大阪高裁へ即時抗告したはずだが詳細は不明だ．生田弁護士は，「日本タイムズ」Web版に「和歌山カレー冤罪事件」と題する連載を続けてきた．2023年4月掲載後，生田弁護士は有楽町駅で倒れ，緊急入院して手術を受けたと聞いた．本書校正中，生田弁護士は2024年6月10日に逝去されていたことを日本タイムズWeb版2024年7月号で知った．惜しい人を亡くした．

第2章

ヒ素異同識別中井鑑定は「一部前提を欠く」と認めた民事裁判

2.1. 亜ヒ酸の同一性の判示

　確定第１審和歌山地裁小川判決(2002)は林真須美が「**A緑色ドラム缶，B ミルク缶，C重記載缶，Dタッパー，Eミルク缶の５点の亜砒酸粉末若しくは F本件プラスチック製小物入れに入っていた亜砒酸のいずれかの亜砒酸を，G 本件青色紙コップに入れてガレージに持ち込んだ上，東カレー鍋に混入した**という事実が，合理的な疑いを入れる余地がないほど高度の<u>蓋然性</u>《がいぜんせい》を持って認められるのである。」(p.895，この引用は個人名を削除するなど修正あり)と判示した．林真須美関連亜ヒ酸A～Fと紙コップに付着した亜ヒ酸Gが同一物だという中井鑑定書が，死刑判決の決め手だった．

　「蓋然性」(probable)は素人にはわかりづらい哲学用語だ．「可能性」(possible)と似ている．1945年はじめに日本の敗戦がすでに<u>確定的であること</u>を旧制一高(のちの東京大学教養学部)の安倍能成 校長が，憲兵の面前で「**日本の敗戦はpossible ではなく，probable だ．**」と学生に訓示したという(『宇沢弘文傑作論文ファイル』東洋経済新報社, 2016, p.21)．これは，可能性と蓋然性の違いがわかりやすいエピソードだ．

2.2. 中井亜ヒ酸鑑定は「正確性を欠く」「妥当性を欠く」

　確定第１審和歌山地裁小川判決(2002)は「**高度の<u>蓋然性</u>を持って**」林真須美が犯人だと認定した．ところが「最高裁報告事件」だったはずの大阪地裁民事裁判の出口治美裁判長らは，死刑判決から20年後に，次のように判決(2022.3.11)に書いた．下線部だけを読めばよい．

26

「被告中井第3鑑定書《検甲1300》における『ロットによって不純物重元素の組成が変動する』旨の記載《p.4》は正確性を欠くといえる．そして，このような観点から，被告中井第1鑑定書《検甲1170》における『同一物，すなわち，同一の工場が同一の原料を用いて同一の時期に製造した』亜砒酸である旨の記載《p.8》も一部前提を欠くものであったと認められる（再審第1審決定《浅見2017》においても，ロット番号に依拠して同一時期という前提に基づいて判断した過程については妥当性を欠くところがある旨判断されている．）．もっとも，上記の点は，被告中井が事前に誤った説明を受けたまま鑑定を実施したものとも考えられるから，被告中井が，被告中井第1鑑定，同第3鑑定及び同証言時に，亜砒酸の製造過程等を正確に把握していなかったとはいえても，原告《林真須美》のいう虚偽の鑑定を実施する意図，鑑定不正の意図があったと直ちに推認することはできず，原告の主張は採用できない．」（p.27）

　法廷で言い渡された判決自体はごく短かく，傍聴席では何も聞こえなかった．『日本の冤罪』（鹿砦社，2023）という本を書いた尾﨑美代子さんも傍聴席にいたが，「法廷内の撮影は2分かかり，棄却と伝える判決は30秒程で終了」とSNSに書いた．

2.3. 時事通信社の報道

　2022年3月11日の時事通信社のjiji.comによると，

　「林死刑囚側が敗訴　ヒ素鑑定めぐる民事訴訟　大阪地裁
　和歌山市で1998年に起きた毒物カレー事件をめぐり，誤ったヒ素鑑定に基づいて死刑を言い渡されたとして，林真須美死刑囚（60）が鑑定を担当した大学教授ら2人《中井泉教授と山内博教授》に計6500万円の損害賠償を求めた訴訟の判決が11日，大阪地裁であり，田口治美裁判長は請求を棄却した．
　田口裁判長は，有罪が確定した刑事事件の鑑定人に対する民事上の賠償請求は『原則として許されるべきではない』と指摘．教授らに偽証の意図など『著しく正義に反する特別な事情があったとは言えない』と認定した．
　ただ，事件に使われたとされる紙コップや林死刑囚の自宅から見つかっ

たヒ素の同一性を認めて有罪認定の根拠となった鑑定について，田口裁判長は『一部前提を欠く』とも述べた.」

　時事通信社の要約は，間違いではないが，表面的な要約に過ぎない．jiji.com のこの記事は掲載期限が過ぎたためネットには存在しない．

　本書では判決文に示された文書に当たりながら丁寧に判決文を読んでゆく．そうすると，時事通信社の記事とは全く違った内容，すなわち，中井亜ヒ酸鑑定は「妥当性を欠く」「一部前提を欠くものであったと認められる」(2.2節)，「被告中井第1鑑定書，同第3鑑定書及び同証言につき，一部正確性を欠く前提や表現があり，これらの点についての原告《林真須美》の指摘は正当なものがある.」(田口判決2022p.32)という判示が浮き上がる．鑑定書は同じだが，小川判決(2002)から変化してきたのは裁判所の判示だ．

2.4.「同一」を部分否定すると「違う亜ヒ酸」になる

　大阪地裁 民事裁判 田口判決(2022)の意味は重い．亜ヒ酸は「同一物」だと鑑定した中井鑑定(検甲1170)の間違いを認定したからだ．2.3節の時事通信社の「事件に使われたとされる紙コップや林死刑囚の自宅から見つかったヒ素の同一性を認めて有罪認定の根拠となった鑑定について，田口裁判長は『一部前提を欠く』とも述べた.」という部分に当たる．

　最高裁那須判決(2009)は「①上記カレーに混入されたものと組成上の特徴を同じくする亜砒酸が，被告人の自宅等から発見されていること」を死刑判決3理由の理由①とした上で「被告人がその犯人であることは」「合理的な疑いを差し挟む余地のない程度に証明されている」と判示していた．

　ここで注意しなければならないのは，時事通信が報道する「ヒ素の同一性を認めて有罪認定の根拠となった鑑定について，田口裁判長は『一部前提を欠く』とも述べた.」という文章だ．「一部前提を欠く」は部分否定．部分否定は要注意だ．ヒ素は「違う」ことを意味する官僚表現だ．例えばサルとヒトのDNA は99％以上一致している．一部が違うだけだ．だからサルとヒトは同一人物だ，とは言わない．

　時事通信記者は「同一」を部分否定すると異なる亜ヒ酸になることに気づいていないらしい．いろいろな機会に知り合った複数の弁護士によれば，「一部前提を欠く」とか「るる」などは，判決や決定の決まり文句だという．

夏祭り会場で見つかった紙コップの亜ヒ酸Gと林死刑囚の自宅等から見つかった6点の林真須美関連亜ヒ酸A～Fの合計7点のヒ素は同一だというのが2002年の確定判決だ．一方で弁護団の主張は，林真須美関連亜ヒ酸A～Fは同じだが，紙コップGだけが異なる，というものだ．確定判決と弁護団の主張する亜ヒ酸の異同はこの一点だけが異なる．**ヒ素の同一性を認めて有罪認定の根拠となった鑑定**を部分否定すれば弁護団の主張になる．

　最高裁判決(2009)では，合理的な疑いを差し挟む余地のない程度に亜ヒ酸の同一性が立証されていたはずだった．田口判決(2022)は，那須判決(2009)①に間違いがあることを認めた．最高裁が判示ミスをしたとする田口判決の根拠は，**中井第3鑑定書**(検甲1300)がロットの概念を間違えていたとする事実認定に基づいている．

　ロットとは工業製品の生産や出荷の最小単位のことだ．

　新日本法規の裁判官検索と「弁護士山中理司のブログ」〔https://yamanaka-bengoshi.jp/〕によれば，田口裁判長は2002～2004年度と2014～2016年度の合計6年間検事(2002～04年度札幌法務局訟務部，2014～17年大阪法務局訟務部長，法務省行政訟務課長，法務省訟務局行政訟務課長，法務省訟務局民事訟務課長)だったという．したがって，最高裁の間違いを判示した田口裁判長らの判決は，余計に重い．この裁判について広く知ってもらう意義は大きいはずだ．

＊　　　　　＊　　　　　＊

　ところで，**中井第1鑑定**(検甲1170)は，亜ヒ酸は**同一物**だとする結論だった．ところが最高裁 那須判決(2009)は**組成上の特徴を同じくする亜砒酸**であって，**同一物**ではない．最高裁も中井鑑定を信用していなかったのだ．しかし，中国の同じ工場製の亜ヒ酸は，**同じくする**の程度が違うだけで，すべて**組成上の特徴を同じくする亜砒酸**だ．

＊　　　　　＊　　　　　＊

　同一物という中井鑑定書の結論は，次節で述べるように，**類似した特徴を与える亜ヒ酸が当時の国内には，他に流通していなかった**という条件が成立する場合に限り結論できることを中井教授自身も認めた．実際にK薬品工業㈱は，和歌山市の小売商からの注文に限っても，亜ヒ酸を**ひと月に1トンの注文を受けたり，一回に50キログラム缶10本の注文を受けたこともあった**(確定第1審検甲85p.11)から，林家の亜ヒ酸は，和歌山市内の1か月に限っても，同じ工場製の何十缶ものドラム缶のうちの1缶に過ぎなかったことになる．中井鑑定の**同一物**は意味のない結論だ．

2.5. 亜ヒ酸は「同一物」だとする中井鑑定の隠された前提条件

亜ヒ酸が「**同一物**」だと鑑定した中井教授は，私(河合)が中井鑑定書の問題点を指摘しはじめると，「X線分析の進歩」誌(44巻, 73–80頁 (2013) DOI: 10.57415/xshinpo.44.0_73)に論文を発表して，「**上記1), 2) のゆるい条件**で，事件に関係した亜ヒ酸を特徴付けることができたので，異同識別には十分であると筆者《中井》は考える．もちろんそれができたのは，類似した特徴を与える亜ヒ酸が当時の国内には，他に流通していなかったからである．」(p.78右)と言いはじめた．

この中井論文は，序章で書いた DOI 財団〔https://www.doi.org〕にアクセスして，長方形の欄に「10.57415/xshinpo.44.0_73」を入れると，科学技術振興機構の電子ジャーナルのこの論文全文を無料でダウンロードできる．鑑定に失敗した中井教授のイイワケを原論文で直接読むことができる．「**上記1), 2) のゆるい条件**」もこの論文に書いてある．たとえば「DNA(型)が一致しなくても99％同じなら同一人物だと判断する」と「**ゆるい条件**」にすれば，80億の世界人口どころか，サルまでも真犯人にできる．

「X線分析の進歩」誌は，1964年に「X線工業分析第1集」が創刊され，しばらく後に誌名を「X線分析の進歩」に変えて毎年1冊ずつ刊行されてきたX線分析の専門学術誌だ．私も2004年から同誌の編集委員長を15年間務めた．X線分析の進歩誌はJ-STAGE(科学技術振興機構〔JST〕が運営する電子ジャーナルプラットフォーム)の「https://www.jstage.jst.go.jp/browse/xshinpo/-char/ja」から掲載論文を無料でダウンロードできる．私はX線分析の進歩誌に非常に多くの論文を発表してきたが，それまで誰も交替してくれなかった編集委員長を急に交替する人が現れたとたんに，私の投稿論文がほとんど受理されなくなった．日本分析化学会の役員が同誌の編集委員会に干渉し始めたからだ．

2.6. 蛍光X線分析は本来，精密な定量分析方法

蛍光X線分析は，第2次世界大戦中に米国海軍研究所で開発された分析方法だ．蛍光X線分析装置は戦後に米国で市販されたが，濃度とX線強度が比例しないため，定量できず，十年以上の試行錯誤を経て，1960年代に，日本の鉄鋼メーカーの研究者(白岩俊男と藤野允克)が，積分計算式によって測定値を補正すれば，非常に精密な元素組成が得られることを示して世界的に使われ

るようになった．だから中井教授が「**ゆるい条件**」と言うのは，精密定量分析に失敗したことを意味する．

中国の同じ工場製の亜ヒ酸が，国内に1缶しか存在しない場合に限って1998年12月の中井鑑定で「**同一物**」だと結論できたことは「**中井第1鑑定書**」(検甲1170)のどこにも書いてない．国内に1缶だけならSPring-8でそもそも異同識別鑑定をする必要もない．

中井教授と科警研は同じ工場製の別のドラム缶も鑑定していた．そのスペクトルや分析値は，応用物理学会誌(DOI: 10.11470/oubutsu.74.4_453)や堀場製作所発行のReadout誌〔http://www.horiba.com/jp/publications/readout/article/x-1682/〕の中井論文に掲載された．前著『鑑定不正』で明らかにしたとおり，事件とは無関係な同一工場製の亜ヒ酸はSn/Sb＝0.70(＝7.4/10.5，応物学会誌とReadout誌に掲載)，林真須美関連亜ヒ酸は0.85〜0.88の範囲，青色紙コップは1.09だった．林家の亜ヒ酸0.85〜0.88と凶器の亜ヒ酸1.09とはロットが異なる．ここでSnはスズ，Sbはアンチモンの重量濃度だ．

浅見決定(2017)は「**中井も製造時期が異なっても組成が同じ亜砒酸の存在することを否定していない．よって，科警研が鑑定資料Gと同AないしEについて同一時期に同一工場で同一原料を用いて製造されたと結論付けた部分についてはその前提を欠く**というべきである．」(pp.88-89)と判示した．亜ヒ酸A〜Gは全部同じだとする小川判決(2002)に対して，浅見決定(2017)はG(紙コップ)だけが違うことを認めた．Gが林家の亜ヒ酸と違えば無実だ．凶器が異なる．

2.7. 対数鑑定書をカンニングしたことを認めた中井英語論文

「**中井第3鑑定**」(検甲1300)に問題があることは，和歌山地裁で再審請求を棄却した浅見決定(2017)がすでに指摘していた．「**中井亜ヒ酸鑑定は正確性を欠く，妥当性を欠く**」(2.2節)と題する節で引用した田口判決(2022)が「**再審第1審決定《浅見2017》においても，ロット番号に依拠して同一時期という前提に基づいて判断した過程については妥当性を欠く**ところがある旨判断されている．」と述べるとおりだ．

カレーに混入された亜ヒ酸が，林家の亜ヒ酸と「**同一の工場が同一の原料を用いて同一の時期に製造した**」亜ヒ酸だと結論した「**中井第1鑑定**」(検甲1170)の実施に先立って，中井教授は，科警研の鑑定書をカンニングしていた．科警研鑑定書は，濃度比を100万倍して対数を計算することによって，違う

組成の亜ヒ酸を，同じ組成であるかのように見せた鑑定書だった．科警研鑑定書の具体的な不純物元素濃度を事前に知っていなければ（**Without knowledge**）中井教授はシンクロトロン施設（**synchrotron facility**）のビームライン（**beamline**）を選択することさえできなかった．このことを「**Without knowledge of the impurity elements (Se, Sn, Sb, Pb, Bi), Prof. Nakai could not even select the beamline of a synchrotron facility.**」と河合英語論文（DOI: 10.1002/xrs.2462）で指摘したところ，中井教授は「**This is true.**」と中井論文で認めた（DOI: 10.1002/xrs.2515）（『鑑定不正』第4章p.92参照）．

対数(log)は高校数学で習うから，大半の人は忘れたろう．log10＝1，log100＝2，log1000＝3だ．10倍の違いが対数では1の差になる．対数とは要するに桁数のことだ．科警研は異なるドラム缶の亜ヒ酸を，対数計算によって，同一の亜ヒ酸に見せていたことは，私が見破った．生データで比較すると，林家の複数の亜ヒ酸は同じだが，対数で同じに見えた紙コップの亜ヒ酸は，林家の亜ヒ酸とは明らかに異なった．対数のゴマカシは『鑑定不正』第3章「五角形レーダーチャートのゴマカシ」や2016年の季刊刑事弁護誌(No.80p.164)で詳しく解説した．序章で引用したように，対数鑑定は科警研に「**隠蔽の意図があったとは認められず**」(p.95)と和歌山地裁浅見決定(2017)は判示したが，これは隠ぺいの意図の有無の判示に過ぎない．文系の人には対数は「**辛いくらい難しかった**」かもしれないが，対数を知らないと，無実でも裁判で死刑にされる．私は中学1年から計算尺を使っていたから対数計算は得意だ．対数を長さで感じることができる．

「**中井第3鑑定**」(検甲1300)とは，住友金属鉱山製の25個のドラム缶に入った亜ヒ酸を鑑定して，製造日が近接する亜ヒ酸であっても，ロットが違えば見分けることができたとする鑑定を指す．「**中井第3鑑定**」でも「**中井第1鑑定**」と同じように，中井教授は亜ヒ酸のロット番号をあらかじめ知った上で鑑定していた．ところがロット番号の意味を誤解していた．

2.8. ロット番号の誤解に基づいて誤鑑定したことを認めた 中井陳述書

大阪地裁民事裁判で中井教授が証言(2020.1.30)する直前に提出した中井陳述書①(2020.1.10乙2)では，住友金属鉱山製の25個のドラム缶入り亜ヒ酸鑑定を間違えたのは「**私《中井》がロット番号について**」の誤った「**認識に基づ**

いて鑑定書を作成してしまったことに起因する」と以下のとおり陳述した.

　「当時，この鑑定を行う前提として，私としては，その工場で製造された亜ヒ酸は製造時期（日）ごとに特定のロット番号が付けられる，また，製造時期（日）が同じ亜ヒ酸については一つのロット番号が付けられるという説明を受けており，そのような認識で鑑定書を作成しました．その意味で，本件決定《浅見2017》において，私が，「同じ工場で同じ製造方法で製造された亜砒酸であっても，製造時期が異なれば微量元素の組成が異なることを証明しようとしたと理解するのが自然である」という認定がされている（本件決定《浅見2017》83頁）ことは誤りではないと思います．

　しかしながら，その後の刑事裁判《浅見2017》において，「同一のロットの亜砒酸であっても製造時期が異なるものが含まれたり，製造時期が同じであっても異なるロットになる場合があること」《浅見2017p.79》が判明し，本件決定《浅見2017》において，私が分析した住友金属鉱山株式会社別子事業所東予工場製の「亜砒酸25点は，100キログラム又は60キログラムの亜砒酸在中の缶の中から1瓶ずつプラスチック容器に採取されたものであるが，同工場において同一のロットとされる亜砒酸の中には製造時期の異なる亜砒酸が混在するため，前記缶の中にあった亜砒酸の製造時期が同一の缶であれば全て同じであったとは限らないし，また，製造時期を同じくする亜砒酸が異なるロットにまたがって存在することがあるため，異なる缶から採取された亜砒酸であっても，製造時期が同じ亜砒酸であった可能性も排斥できない」《浅見2017p.81》と認定され，「前記亜砒酸25点の微量元素の含有状況を分析しても，同一工場で同一方法で近接した時期に製造された亜砒酸であったからといって，製造時期が異なれば，微量元素の含有状況が異なることを裏付けられず，ロット番号に依拠して同一時期という前提に基づいて判断した過程には妥当性を欠く」《浅見2017p.82》との指摘を受けたのです．

　本件決定《浅見2017》の指摘については，私がロット番号について上記のような認識に基づいて鑑定書を作成してしまったことに起因するものですが，その点を除いて考えれば，私の本来の意図は，同一の工場で製造された純度の高い亜ヒ酸であっても，製造時期の違いによって不純物として含まれる重元素の組成が変動し得ることを定性的にパターンで示すことにありました．もっとも，本件鑑定資料25点はそれぞれ製造時期（日）

が異なるとの前提事実が違っていたことは前述のとおりです.」(pp.9-10)

中井教授は, 世界最先端・世界最高性能のシンクロトロン放射光施設SPring-8で測定したデータよりも, むしろ事前に知り得た「ロット番号について」の誤った「認識に基づいて鑑定書を作成してしまった」というのである. これが, 林真須美を殺人犯だと突き止めたとしてマスコミが大々的に報道したSPring-8亜ヒ酸鑑定の真相だ.

＊　　　　＊　　　　＊

小川判決(2002)は, 住友金属鉱山製亜ヒ酸25ロットのSPring-8の中井第3鑑定を, 「同一工場で, 同一製造方法で, 製造時期が近接していても, 製造日が異なると微量元素の含有状況が異なることは, 中井教授による分析〈甲1300〉によっても裏付けられている.」(p.197)と判示したから, 小川判決(2002)は〈甲1300〉(中井第3鑑定)の意味をよく理解し, その鑑定が成功だとして判決を書いたことがわかる. しかし〈甲1300〉鑑定は失敗していた.

＊　　　　＊　　　　＊

再審請求審になって, 和歌山地裁浅見決定(2017)は, 「中井は, 分析した前記亜砒酸25点の入っていた缶の中に製造時期の異なる亜砒酸が混在したり, 製造時期の同じ亜砒酸が異なる缶にまたがって存在する場合があることを認識しないまま前記亜砒酸25点に係る微量元素の組成を分析している. よって, 中井意見書における前記指摘は相当でない面がある.」(pp.83-84)と判示した.

亜ヒ酸が同一かどうかを「微量元素の含有状況」から見分けることは「〈甲1300〉によっても裏付けられている」とした確定審小川判決(2002)と最高裁那須判決(2009)の死刑理由「①上記カレーに混入されたものと組成上の特徴を同じくする亜砒酸が, 被告人の自宅等から発見されていること」には重大な間違いがあったことを, 再審請求審 浅見決定(2017)が認め, 次いで民事裁判田口判決(2022)も認めた.

2.9. 住友金属鉱山製の亜ヒ酸25缶からのサンプリング

「中井第3鑑定」の対象は, 「住友金属鉱山株式会社別子事業所東予工場」で事件の翌年1999年2月3日～3月19日に製造された25個のドラム缶在中の亜ヒ酸だ. 「亜砒酸25点は, 100キログラム又は60キログラムの亜砒酸在中の缶の中から1瓶ずつプラスチック容器に採取されたもの」(中井乙2)だった.

「別子事業所東予工場」ではその各「プラスチック容器」の亜ヒ酸粉末の一部を水溶液にして，事業所内にあるフランスのジョバン・イボン社製のプラズマ分析装置で精密に分析していた．このフランス製分析装置で分析して残った粉末が入った25個の「プラスチック容器」は，同年9月2日に任意提出され，それを，検察官指揮のもと検察事務官が同工場において領置し，段ボール箱に梱包し，手提げ鞄で和歌山地方検察庁へ持ち帰った．亜ヒ酸の領置は「**住友金属鉱山で製造する亜ヒ酸のLot番号ごとの含有不純物等の鑑定を嘱託する目的**」(検甲1298)だった．林家の亜ヒ酸と紙コップの亜ヒ酸とが「**同一物**」だと鑑定したSPring-8の同じビームラインで，中井教授はその25個のプラスチック小瓶の亜ヒ酸を1999年11月18日〜23日にかけて鑑定し，「**中井第3鑑定**」(検甲1300)として提出し，不純物アンチモン(Sb)の定性的なパターンが同じか違うかを裁判で証言した．

2.10. 中井証言を採点

「**別子事業所東予工場**」の25瓶の亜ヒ酸をフランス製分析装置で精密に分析した結果は確定審に提出されていた(検甲1229)．しかし誰も注目しなかった．検甲1229に掲載された不純物元素アンチモンの濃度値を用いて「**中井第3鑑定**」における25点の亜ヒ酸の中井証言(確定審第1審第34回公判調書p.144)を採点してみた．中井証言は一つ若い番号のドラム缶と比較する証言だ．1〜5番目のドラム缶の異同の証言はないから，ほぼ同一濃度だと解して甘めに採点した．12缶で中井教授は1個前の缶と比べたアンチモン濃度の増減を間違えていた．甘く採点しても正答率は13/25しかない．半分だ．

「**和歌山カレーヒ素事件における住友金属鉱山製亜ヒ酸25缶のSPring-8鑑定の問題点**」と題する2020年出版の私と岩井信弁護士との共著論文では，東予工場のフランス製分析装置の分析結果と，確定審34回中井証言とを比較した．この論文もWeb公開され(DOI: 10.57415/xshinpo.51.0_119)無料で読める．「《9番目の缶と比べて》**10も下がってますね**」「《10と比べて》**11はちょっと増えてますね**」等の中井証言をアンチモンのppm濃度値によって採点した．

2.11. 採点結果は25枚のコインを投げたときと同じデタラメさ

中井鑑定の正答率13/25は，25枚のコインを投げてオモテが13枚出る場合

の数 $_{25}C_{12} = 25!/(12!13!)$ の頻度がある．Web の「順列・組合せ」の計算サイトなどでこの式が計算できる．約五百万通りで最大頻度だ．25! は $25 \times 24 \times \cdots \times 2 \times 1$ を意味する．

亜ヒ酸の異同識別が25問全問で正解するのは1通りしかない．コイン25枚全部がオモテになる場合だ．全問を間違うのも，全部がウラになる1通りだ．25缶の亜ヒ酸の中井鑑定は，25枚のコイン投げをしたとき，オモテが12枚か13枚出るのとまさに同じ出鱈目さだったことになる．言い換えれば，ロット番号を誤解したまま測定データを「**定性的にパターンで**」や「**ゆるい条件で**」証言した中井鑑定は，コイン投げと同じデタラメさだった．こんな鑑定方法は死刑の根拠にできない．25問全問が正解する鑑定でなければならない．中井鑑定に基づく小川判決(2002)は，有罪か無罪かをコイン投げで決めたに等しい判決だ．

フランス製プラズマ分析装置なら25問全問で正解できる．蛍光X線分析もちゃんと使えばプラズマ分析より高精度だ．科警研はプラズマ分析装置で鑑定したから，林家の亜ヒ酸と，カレーに亜ヒ酸を投入した紙コップの亜ヒ酸とが異なると知って対数でごまかした．対数を使って「**ゆるい条件**」に変えたのだ．

身長の個人差を対数で比較することはない．クジラやゾウやヒトやネズミや細菌やウイルスを一括して比較する場合なら対数を使う．科警研の対数鑑定は，ゾウとヒトとを「**ゆるい条件**」で比較して，ヒトは皆同じ身長だとした鑑定だ．同じ工場製の異なるドラム缶の亜ヒ酸は，科警研の分析値が応物誌(出版は2005年4月)に掲載されていたにもかかわらず，その存在自体が隠され，分析値も裁判には証拠として提出されなかった．

科警研の鑑定も中井鑑定も，凶器に使われた包丁と同じ工場製で，型式は同じでも別の包丁を持つ人を犯人だと断定したことに相当する．2つの包丁は「一部」違っていた．被害者の体内には，刃こぼれした破片が残っていたと喩えることができる．しかし，対数でごまかしたり，日本にはこの工場製の包丁は1本しかないとして，同一性が部分否定(刃こぼれ)されているにもかかわらず，刃こぼれのない包丁を持つ人を犯人だと断定したのがカレーヒ素事件だ．包丁なら理解できるのに亜ヒ酸になると裁判官は理解できないらしい．いや最高裁はわかっていた．最高裁那須判決(2009)は「**組成上の特徴を同じくする亜砒酸**」であって，中井第1鑑定書の「**同一物**」を採用していない (2.4節)．

科警研は，亜ヒ酸を対数値で比較した上，亜ヒ酸は「**同一のものに由来するとしても矛盾はないものと考えられる．**」「**同一のものに由来すると考えても矛**

盾はない.」と結論した(検甲1168).鑑定の確度は一般に,「である」＞「認められる」＞「考えられる」＞「矛盾はない」＞「思われる」の順だ(季刊刑事弁護,No.85, p.164〔2016〕参照).「考えられる」と「矛盾はない」を二重使いした「**矛盾はないものと考えられる.**」は,同一性の確度が半分以下,要するに「違う」と同義の官僚用語だ.科警研の警察官僚は,ウソはつかないが,たくみな文言を使って,異なる亜ヒ酸だったことを,あたかも同一の亜ヒ酸であるかのように表現した.科警研や裁判ではこんなコトバアソビを日常的に行なっている.小川判決(2002)の芸術的な文章技術が本書の主題だ.

＊　　　　＊　　　　＊

「中井が《検察から》事前に誤った説明を受けたまま鑑定を実施したものとも考えられる」と田口判決(2022)が書くとおり,中井教授も「**製造時期（日）が同じ亜ヒ酸については一つのロット番号が付けられるという説明を受けており,そのような認識で鑑定書を作成しました.**」《浅見決定2017》の指摘については,私がロット番号について上記のような認識に基づいて鑑定書を作成してしまったことに起因する」と認めた.

鑑定が正しくなくても,模範解答だと信じてカンニングした中井教授には害意はなかった,として田口判決(2022)は林真須美の損害賠償請求を棄却した.

2.12. 真の鑑定は予備知識なしで異同が識別できること

ロットが同じか違うかという予備知識なしで,化学分析のみで正しく異同識別できるのが真の鑑定だ.刑事裁判の和歌山地裁 浅見健次郎裁判長と民事裁判の大阪地裁 田口治美裁判長,それに両裁判の左右陪席を合わせた合計6名の裁判官が認めるように,あらかじめ同じか違うかを知った上で,それに合わせたのが中井鑑定だ.中井鑑定は鑑定ではない.

中井教授は,鑑定能力がないことを自覚していたという証拠もある.先に引用した応用物理学会発行の2005年4月号応物誌453〜461頁の中井論文には,亜ヒ酸粒子一粒にスズが7.4pg,アンチモンが10.5pg含まれていることがSPring-8でわかったかのように書いてある.しかし7.4や10.5は科警研が放射光を使わずにプラズマ分析装置で得た分析値を盗用したものだ.ここで1pg(ピコグラム)とは$1/1,000,000,000,000 = 10^{-12}$gのことだ.

「確かに2005年に執筆した『応用物理第74巻第4号蛍光X線分析の現

状と展望』458頁の図10に，スズとアンチモンの含有量を数字で載せた
ことに間違いない.」「1辺100μmの立方体の亜ヒ酸1粒の体積を算出
し，arsenolite As_2O_3 の密度（3.87g/cm³）をかけて，1粒の質量をもとめ，
ICP-AESで科警研が分析したスズやアンチモンの濃度をかけて計算上算出
した値である. よって，この数字は解説文をわかりやすくするために科警
研の数値を用いて計算したもので，私が定量分析したものではない.」（中
井泉『回答書』2018.4.4検3；『鑑定不正』p.48）.

中井応物誌論文には，科警研の数値だという説明もなく，SPring-8以外で
得られた数値だという説明もない. スズが7.4pg，アンチモンが10.5pgとい
うものすごく微量の不純物含有量が世界最高強度のSPring-8なら得られると
読者を誤解させる文章が書いてある. 論文題目は「**蛍光X線分析の現状と展望**」
だ. 中井科学論文もコトバアソビだ.

当時の科学技術の最先端だったSPring-8という巨大加速器を使った中井鑑
定は，凶器に使われた亜ヒ酸と林真須美関連亜ヒ酸とが同一の亜ヒ酸であるか
のように対数でごまかした科警研鑑定書をカンニングしたものだった. ちゃ
んとした鑑定だったら，科警研のゴマカシを見破ることができたはずだ. 私
は見破った. 応物誌の中井論文は科警研データを盗用した論文だった. これ
も私が見破った（『鑑定不正』第3章「SPring-8の精度が悪い理由」と題する節参照）.
SPring-8に鑑定能力があれば，科警研のデータを盗用する必要はなかった.

田口判決（2022）は，「**中井第1鑑定《検甲1170》，同第3鑑定《検甲1300》
及び同証言時に，亜砒酸の製造過程等を正確に把握していなかった**」ため，鑑
定人中井教授が異同識別を間違えた，と判示した. あらかじめロットが同じか
違うかを正しく把握しておかなければ鑑定が正しくできないのが中井鑑定だっ
たことを，和歌山地裁浅見決定（2017）に続いて認めたのが大阪地裁田口判決
（2022）だった.

2.13. 鑑定人のカンニング行為の認定

検察や警察は，鑑定に先立ってロット番号を中井教授に説明したり，対数計
算でゴマカシた科警研鑑定書（検甲1168）をあらかじめ中井教授に見せていた.
すなわち，検察に都合の良い模範解答を中井教授にカンニングさせていた. 田
口判決（2022）が「**中井が事前に《警察や検察から》誤った説明を受けた**」と

判決に書くカンニングの認定は極めて重い．答えを教えた責任も重い．なぜなら確定第1審小川判決(2002)は「**指標4元素《スズ，アンチモン，ビスマス，モリブデン，p.127》**が製造段階における同一性を判断する指標として適切であり，その指標4元素の分析結果が異同識別3鑑定において一致しているのであれば，異同識別3鑑定が<u>相互にその分析の正しさを補強し合っている</u>といってよいのである.」(p.199)と判示したからだ．

カンニングしていたなら鑑定結果が同じになるのは当然だ．

試験のカンニングに喩えれば，カンニングによる鑑定は違法なはずだ．どんな法律に触れるかは法律の素人の私にはわからない．カンニングがばれた時点で最高裁死刑判決は無効のはずだ．死刑判決を取り消そうとしない最高裁は，入試のカンニングがばれても合格を取り消さない大学だ．裁判はカンニングし放題だ．最高裁は自ら身を糺す立場にあるが，裁判官5名全員一致で「**本件抗告は既に終了したものである．よって**」「**終了したものである.**」(1.7節)と不思議な日本語で再審から逃げた．独裁国家なら「死刑だから死刑である」と判例にするだろう．

2.14. 田口判決の意義

日本国憲法では「すべて裁判官は，その良心に従ひ独立してその職権を行ひ，この憲法及び法律にのみ拘束される」(憲法76条3項)と定めている．田口判決(2022)は，その独立性が守られていることを裏付ける判決でもある．最高裁那須判決(2009)が間違った，と田口判決は認めた．最高裁那須裁判長ら当時の5人の裁判官の弁明を聞いてみたいと思う．

カレーヒ素事件のように冤罪を示す証拠を裁判で次々に目撃した和歌山地裁浅見健次郎裁判長や大阪地裁 田口治美裁判長は，鑑定が正しくなかったことを決定や判決で認めた．大阪地裁 山地修裁判長も，準備手続段階で，原告林真須美からの人証申請についてはいずれも採用する，と決めた．

浅見裁判長，山地裁判長，田口裁判長とともに裁判に臨んだ多くの左右陪席裁判官は，例外もあるだろうが，カレーヒ素事件の刑事裁判確定判決が正しくなかったことを，裁判に臨んで認識したはずだ．最高裁 那須判決(2009)の間違った事実認定によって死刑判決を下された林真須美を救済できる立場の裁判官が，過去の判決の問題点を指摘したり，すべての人証申請の採用を決めたりしたことを広く知ってもらう意義はあるだろう．

第3章

林真須美の頭髪鑑定は，鑑定人が「自ら測定を行ったものではない」

3.1. 民事裁判田口判決（2022）

　㋑聖マリアンナ医科大学 山内博 助教授（鑑定当時）は 4 mm 幅のシンクロトロン放射光を照射して蛍光 X 線分析を行ない，林真須美頭髪 1 本を10cmにわたって検査した（検甲63）．その結果が図表 3 だ．㋑48〜52mm の区間に局在するヒ素信号0.14を検出したことを示す．それ以外の位置の0.02に達しない信号は，ヒ素濃度ゼロでも出る信号のはずだ．ただヒ素を含まないブランク試料で，それを確認していない．ブランクテスト（空試験）と呼ぶ．必須のブランクテストをしなかったのは鑑定㋑の大きな落ち度だ．

　㋺山内助教授は，聖マリアンナ医科大学機器分析室の原子吸光分析装置を使って，林真須美の頭部 4 か所から採取した頭髪各50ミリグラムずつを分析し，右前頭部頭髪から，頭髪 1 グラム当たりに換算して0.090マイクログラム（第 6 章図表10）の 3 価無機ヒ素すなわち亜ヒ酸の付着を検出した．

　山内助教授は，㋑㋺ 2 つの鑑定結果を，鑑定報告書（検甲63）として提出した（1999.3.29）．検甲63のこの 2 つの鑑定を，本書全体をとおして㋑㋺で統一する．

　大阪地裁 民事裁判 田口治美判決（2022）は，㋑48ミリの放射光 X 線分析は，山内助教授が「**自ら測定を行ったものではない**」，「**その正確性に疑問があるというべきである**」（p.33）と判示した．㋺についても，山内助教授が原子吸光分析で用いたpHは3.5だったが，山内教授は民事裁判で「**pH 4 ないし 5 のフタル酸水素カリウム溶液を用いること自体は認めた上で，被告山内鑑定においても，pH を 4 ないし 5 に設定した趣旨とも考えられる陳述等をするものの**」，「**被**

図表3．林真須美頭髪1本の48ミリメートルの位置にヒ素が付着していることを示すとされた，㋑放射光蛍光X線データ（山内鑑定書検甲63）．

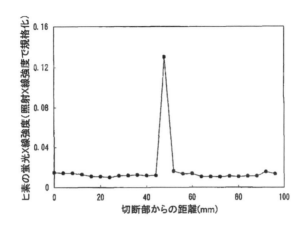

告山内が，フタル酸水素カリウム溶液のpHを4ないし5に設定したとは認められない」から，山内教授のヒ素鑑定方法が「どの程度確立しているかについて不明確な点も残る」(p.38)と判示した．㋺は第6章～第11章でその不正を段階的に明らかにしてゆく．

3.2. 山内頭髪鑑定書の結論

　聖マリアンナ医科大学 山内助教授は，㋺と㋑の測定結果をもとに，「原子吸光光度計での砒素測定《㋺》において頭髪への亜ヒ酸汚染を確認し，さらに，砒素の分析理論が異なる高精度な放射光蛍光X線分析《㋑》でも，高濃度の砒素を頭髪採取日《1998.12.9》から推定して4-5ヶ月前の成長位置（48mm）に明確に検出した．すなわち，二つの高精度な砒素分析において，異常な砒素を共通して検出し一致したことは，この被験者の頭髪に一般健常者には認められない亜ヒ酸曝露（外部付着）が存在していたものと判断する．」(検甲63p.5)と結論した．
　「高濃度の砒素」は，最高裁が判示を間違えたことを示すキーワードとして序章で言及した．
　㋑放射光鑑定は，山内助教授が行なったものではなく「砒素の測定は平成

10年12月14-16日，高エネルギー加速器研究機構物質構造科学研究所放射光研究施設，蛍光X線分析ビームライン（BL-4A）で実施し，測定は中井泉（東京理科大学応用化学科教授）である.」（検甲63）と山内鑑定書に書いてある. ⑦は，シンクロトロン放射光実験のことをほとんど何も知らない山内助教授が伝聞で書いた素人鑑定に過ぎない.「その正確性に疑問があるというべきである」と田口判決（2022）は判示した. それを認識したうえで千ページ近い判決文を書いてゴマカシたのが小川判決（2002）だ.

　ここで「高エネルギー加速器研究機構物質構造科学研究所放射光研究施設」はKEK-PF と略す. KEK は高エネルギー研，KEK の中にある PF は，フォトンファクトリー(Photon Factory光子の工場）という固有名詞をもつシンクロトロン加速器施設の略称だ. PFはSPring-8より少し古いが，どちらも同じ原理で強力なX線を発生する. 中井教授は事件の鑑定当時，SPring-8よりもKEK-PF の実験に慣れていた.

3.3. 2002年刑事裁判確定判決と本書の主題「裁判官の不正」

　確定第1審和歌山地裁 小川判決（2002）は，1998年「12月9日の時点において，外部付着に由来する砒素が付着していたと認められる.」「人間の毛髪が1か月に10mm ないし13mm 程度伸びることを前提にすると，被告人《林真須美》の右側前頭部に付着していた砒素は，12月9日の4.7か月前ないし7.2か月前から12月9日（逮捕後は砒素付着の機会がないと考えれば10月4日）までの間となるから，その時期について広く考えても，5月から10月4日までの間に毛髪に付着したこととなる.」(pp.399-400) と判示した.

　この小川判決の根拠は，前節で山内鑑定書から引用した⑦「4-5ヶ月前の成長位置（48mm）に明確に《ヒ素を》検出した」(検甲63p.5) ことと，ロ「原子吸光光度計での砒素測定において頭髪への亜ヒ酸汚染を確認」(検甲63p.5) したことだと，ここまで読んできた読者の誰しもが思ったはずだ.

　序章でも述べたように，大阪高裁白井判決（2005）も，再審請求審の浅見決定(2017)も，⑦48ミリだと誤認した.

　確定第1審小川判決（2003）には「切断面から48mm ないし52mm の地点にのみ砒素の強いピークを計測した. そのデータは山内助教授に提供された.」とは書いてあるが，この文章は，48ミリにピークを示す図表3が，中井教授から山内教授に提供された事実を述べるのみで，死刑判決の理由ではないこと

がわかる(5.1節). ところが，確定審大阪高裁 白井判決(2005)や第1次再審請求審和歌山地裁 浅見決定(2017)は，④48ミリが小川判決(2002)の死刑理由だと誤認して，それぞれ即時抗告や再審請求を棄却し，確定第1審の死刑判決を維持し続けた.

これが本書の主題だ.

中井教授は，④48ミリを検出した検甲63鑑定の5か月後(1999.5.17)に，ほぼ同じ鑑定をフォトンファクトリー(PF)でやり直した. それが中井鑑定書検甲1232だ. 検甲1232では，1ミリメートル幅のX線ビームを使って，林頭髪の51〜52と52〜53mmの2区間にヒ素を検出した. 本書では「51,52ミリ」と呼んで検甲63の④「48ミリ」と区別する.

なお中井教授は「48ミリ」と「51,52ミリ」にヒ素を検出した林真須美頭髪が同一の1本の頭髪だったのか，異なる2本の頭髪だったのかを明らかにしていない.

確定審と第1次再審請求審それぞれの林真須美弁護団が，④48ミリの鑑定が無効だとする「所論」を裁判所へ提出した. それに対して，小川判決(2002)以外の刑事裁判の判決や決定は，④48ミリが死刑判決のゆるぎない証拠だとする誤った判示をした.

ところが，小川判決(2002)は④「48ミリ」を死刑判決の証拠にしていなかった. というのが，田口判決(2022)だ. この判示が本書で最も重要な判示だ. 中井教授は確定第1審で，検甲63鑑定書の④48ミリには証拠価値がない，という趣旨を証言した. 小川判決(2002)は，検甲63鑑定書自体は証拠採用したが，判決を注意深く読むと「48ミリ」に関する判示は約千頁の判決のどこにも存在しない. 都合の悪いことを判決に書かなかったことは，自由心証主義とは無縁の不正行為だ. 田口判決(2022)を読まないかぎり，48ミリを証拠採用していないことに気づく人は少ない. そのため，後続の4つの裁判体(大阪高裁2005,最高裁2009,和歌山地裁2017,大阪高裁2020)は間違った判決や決定を出しつづけた. これが本書の主題だ.

詐欺師が「消防署のほうから来ました」と消防署員のふりをして消火器を高額で売るのが，不法か違法か脱法かは，法律を専門としない私にはわからないが，間違いなく不正行為だ. 本物の裁判官でありながら，その地位を利用して他人を欺くのは，消防署員のふりをする詐欺師より悪質だ. 裁判官が判決でこんなことをすれば，裁判は信用を失うからだ.

3.4. 被告山内が「自ら測定を行ったものではない」

　林頭髪の①放射光鑑定に対する田口判決（2022）の核心部分は以下のとおり．この文章は蛍光X線分析を専門としない人にはわかりづらいから，アンダーライン部だけを読めば十分だろう．

　　「同《図表3の48ミリにピークを示す》蛍光X線分析（1998年12月14日ないし同月16日のもの）の際に使用したX線のエネルギーについて，被告中井第1鑑定書には，20ないし21keVと記載されており（甲1・6頁），**被告中井は，確定第1審においては，20ないし21keVで測定した旨の証言《を》していた（甲37・37ないし39頁）**．ところが，被告中井は，本件訴訟においては，15keVで測定した旨陳述書に記載し（乙3・6，7頁），本人尋問では，確定第1審における証言が正しい趣旨の供述をした後，**15keVで測定した，21keVで測定することはあり得ない旨供述するに至っており**（被告中井本人〔第3回23ないし35，46ないし53，59ないし62頁〕），使用したX線のエネルギーに係る被告中井の認識等が一貫していないともうかがえる．そうすると，**上記の被告中井の測定結果に依拠して評価を行った被告山内鑑定書の図1《本書図表3》については，その正確性に疑問があるというべきである**．もっとも，**被告山内は，自ら測定を行ったものではないことに照らすと**，これをもって直ちに虚偽鑑定等の意図をもっていたと認めることはできない．」（p.33）

　山内鑑定書の「48ミリ」にヒ素の局在を示す図表3の①放射光鑑定は「**被告山内は，自ら測定を行ったものではない**」，「**その正確性に疑問があるというべきである**」と田口判決（2022）は判示した．
　①48ミリのピークを中井教授が測定したことは，山内鑑定書検甲63に「**測定は中井泉（東京理科大学応用化学科教授）である**」と記載されているとおり，確定第1審では公知の事実だった．例えば，2000年7月の和歌山地裁34回公判（2000.7.13-14）で検察官（木村）は「**分析した結果なんですが，これは甲63《山内鑑定書》の鑑定報告書の図1《本書図表3》に書かれている通りで間違いないわけですか**．」（p.158）と中井教授に聞いた．中井教授は「**はい，間違いございません**．」（p.158）と証言した．しかし間違っていた．中井教授は3か月後の43回公判（2000.10.4）で「**砒素の場所に元素のピークが鉛のピークと重なるん**

ですね，砒素のKα線と鉛のL線がですね.」(p.38)と選択励起ではなかったことを証言した. ⑦48ミリは，ヒ素と鉛とを区別できないという趣旨の証言だ.

3.5.「48ミリ」は選択励起ではなかった

民事裁判では，田口判決(2022)から引用したとおり，図表3を「**20ないし21keV**」で測定した，「**15keVで測定した**」，「**21keVで測定することはあり得ない**」(3.4節)と中井教授の証言は揺れた. 20ないし21keVであっても，15keVであっても，中井教授が行なった放射光鑑定⑦はヒ素の選択励起条件12.2～12.9keVを外れるから，ヒ素と鉛とを区別できない.「選択励起」を説明すると長くなるが，長い話を短く言えば「12.2～12.9keVという1次X線(入射X線)を頭髪などの試料に照射して，10.5keVの2次X線(蛍光X線)信号を検出すれば，鉛を除外してヒ素だけを選択的に検出できる」という実験テクニックだ. 照射X線のエネルギーが可変なシンクロトロン放射光ならではの測定技術だ. 一方，13.0keV以上の1次X線を照射すると，10.5keVの信号は鉛もヒ素も含むから，鉛かヒ素かわからない. 選択励起は3.10節で詳しく説明する.

3.6. なぜ鉛が問題か？

シンクロトロン放射光が理想的なX線源なら，前節の「選択励起」を使えば鉛板(100%の鉛)に含まれる1ppmのヒ素が検出できる. ところがシンクロトロン放射光は，高次光や迷光を完全にゼロにできない. 12.2～12.9の選択励起でヒ素だけを励起したつもりでも，13keV以上の高次光や迷光によって鉛のX線も発生する. 高次光や迷光で発生する鉛の強度より弱いヒ素のX線信号は検知できない. 中井鑑定では高次光をチェックしなかった. 楽器が倍音を含むように2倍・3倍音に相当する高次光を防ぐのは難しい.

図表4は中井教授自身が組み立てたSPring-8の鑑定装置の写真だ(1998.12.12). 何個も積み上げられた灰色のブロックは鉛ブロックだ. 太くて青い横線のある円柱形を横に寝かせた形状のX線検出器(この写真には一部しか見えないので，図表4の四角の枠内に中井ホームビデオ〔3.11節〕に写った同じ検出器の画像を示した)には，曲げた灰色の鉛板がかぶせてある. これらの鉛は，強力な迷光X線が来る場所に置いてある. 迷光から検出器などを遮光するためだ. 試

第3章　林真須美の頭髪鑑定は，鑑定人が「自ら測定を行ったものではない」 **45**

図表4．1998年12月12日にSPring-8の中井鑑定の様子を撮影した写真（中井泉，寺田靖子：X線分析の進歩，44, p.76（2013）．化学同人発行「化学」誌，2006年12月号p.30にも同じ写真が掲載されている）．鉛の板で隠れている青線の検出器の全体像を，中井教授が確定1審へ提出したホームビデオからキャプチャして囲みに示した．

料に照射するX線は，図表4の物干し竿のように見える筒の中だけを通過することになっている．この写真の鉛ブロックの向こう側の物干し竿は途切れていて，そこに林頭髪を置いてヒ素の付着を鑑定した．

　物干し竿の中を通過するX線は，林真須美の頭髪だけに照射されるはずだが，実際には人間が即死するほど強力な迷光が鋼鉄製の実験ハッチのあらゆる場所に充満し，X線検出器などを迷光から保護するために鉛ブロックや鉛板が必要だったのだ．

　ところが鉛は，ヒ素と同じ10.5keVの強力な蛍光X線を発する．図表4のような鉛を多用した実験では，仮に頭髪にヒ素が含まれていても，「ここで見ている《林真須美の》毛髪中の砒素などは，それこそppmレベルの，100万分の1ですから極めて少ない量の砒素を検出しようとする」（43回p.33-34）という中井教授の証言にあるように微量だ．微量なヒ素が発する10.5keVのX線信号は，鉛ブロックや鉛板が発する10.5keVの強いX線が完全に覆い隠した．PFでも鉛を多用している状況は変わらない．選択励起を使っても，微量ヒ素を検出できないことは，シンクロトロン放射光ユーザーには常識だ．

ppm は parts per million(百万)の略で， 1 ％が1/100を意味するように， 1 ppm は百万分の一(1/1,000,000)を意味する． 林真須美頭髪に付着した亜ヒ酸に相当する3価ヒ素は90ppb だとされた(第6章図表10)． 1 ppb は十億分の一(1/1,000,000,000)だ．

3.7. PFの迷光

　図表5aは1998年12月にPF で①48ミリにヒ素を検出したときの蛍光X線スペクトルだ．太陽光が虹の7色に分解するように，光を色(エネルギーや波長)に分解したものをスペクトルという． ヒ素As のピークが横軸10.5keV の位置にくっきりと出ている． 林真須美頭髪の①48ミリの位置にヒ素が付着していたことを示す証拠とされた． 林真須美代理人弁護団は，民事裁判で，図表5aの生データを開示するように要求した． 図表5b(中井陳述書②乙3)が開示されたスペクトルだ． 弁護団は，数値で開示するように再度要求して， 1000チャネルの数値が紙媒体で開示され， それを私がコンピュータへ打ち込んで片対数プロットしたスペクトルが図表5c だ． 横軸10.5keV の「As」のピークは全1000チャネル中537〜541番目のデータに相当する．

　図表5c には入射光が頭髪で弾性散乱された15keV のピーク(Elasticと書いたピーク，ピークトップは87513カウント)が見える． 入射光は選択励起条件12.2〜12.9を外れる15keV だった．

　16〜20keV には迷光(Strayと表示)が混入している． カメラなどの光学機器では，光線がレンズなどを通って像を結ぶように設計されている． その設計どおりに進まない光を迷光と呼ぶ． 鉄板で箱を作れば箱の中は真っ暗だが，白い画用紙で箱をつくれば，真っ暗にならない． これも一種の迷光だ． X線は1ミリメートルの厚さの鉄板でも，白い紙が光を通すように透過する． 図表5c の迷光は19.0keV で最大の2402カウントだったから入射光の弾性散乱ピーク(87513カウント)の2.7％もある． 1 ppm(＝1/1,000,000)のヒ素を検出するためには，迷光が強すぎる． 入射光を選択励起条件の「**12. 何がし**」に設定しても15keV に設定しても迷光は変化しない． 迷光はモノクロメータ(白色光を単色にする光学装置)を迂回するからだ． ビームラインを設計しなおして，建設しなおさない限り頭髪に付着したヒ素の検出は不可能だ． ビームラインの建設には何十億円もの費用と予備研究も含めた何年もの歳月を要する． それでも不可能だろう．

図表5. (a)中井泉鑑定書 検 甲1232 (1999.7.23) の「図2」. この図は本書図表3の「48ミリ」の頭髪位置の蛍光X線スペクトル (1998.12.16 測定).
(b) 中井教授が乙3で開示した(a)の再プロット.
(c) 中井教授が乙3で開示した(a)の全範囲の数値データを弁護団が要求し, 河合が片対数プロットしたもの. 13keVより右側の大きな矢印は, (a)でトリミングされた範囲を示している.

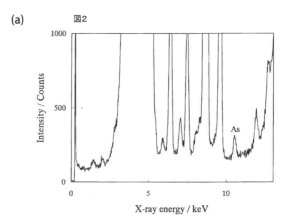

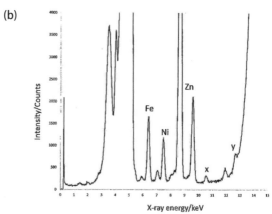

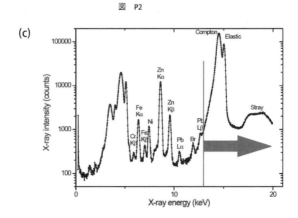

本書では理解しやすく説明するために鉛とヒ素の濃度が１：１なら鉛Ｌαとヒ素Ｋαの強度も１：１になるとした．専門的には２p電子６個（鉛L線）に対して１s電子は２個（ヒ素K線）だという電子数の効果，様々な入射Ｘ線波長に対する鉛の２p軌道とヒ素の１s軌道の断面積の違い，空孔がＸ線発生で埋められる蛍光収率，共存元素，ＫαとＫβの分岐比などを考慮する必要がある．大略１：１と近似できる．

中井教授は，民事裁判の陳述書②乙３に「**そもそも鉛もしくは何らかの鉛の化合物が，化学結合して毛髪に付着することは，化学的に合理的な説明をすることはできませんし，放射光施設や日常生活において本件のように毛髪に《鉛が》点状に付着するシーンを想定することも困難です．また，もし付着したとしても，長期間毛髪に残存するメカニズムを化学的に説明することもできません．**」（2020.1.10乙３p.8）と書いた．PFのビームラインに多用されている鉛板が大きな問題になっていた民事裁判でも，鉛板にすら思い至らず，鉛が頭髪に付着するはずがないと中井教授は主張するばかりだ．

刑事裁判確定第１審の第43回公判（「<u>甲37</u>」2000.10.4）で，山内鑑定書検甲63の放射光鑑定④が，鉛の影響を除外できない20〜21keVを用いた測定だったことを，中井教授も認めていた．それを民事裁判の被告と原告とにリマインドさせる文章が「**被告中井は，確定第１審においては，20ないし21keVで測定した旨の証言《を》していた（甲37・37ないし39頁）**」という田口判決（2022）だ．次節ではこの中井証言を詳しく説明する．

3.8. 中井教授は，ヒ素のピークも鉛のピークも出る条件で「48ミリ」を測定したことを確定第１審で証言していた

「被告山内が自ら測定を行ったものではない」と題する3.4節で引用した田口判決（2022）が言及する甲37は，第43回公判調書（2000.10.4）の中井証言だ．その「<u>37ないし39頁</u>」で，確定第１審の林真須美弁護団の藤田弁護士は，以下のとおり非常に丁寧に中井教授に尋問していた．

> 弁護人（藤田）「それと，これも細かいことなんですが，《1998年》12月16日，これは山内助教授からの依頼があって《林真須美頭髪を鑑定》されたときは，<u>当てた光の強さ</u>《検甲63の照射Ｘ線のエネルギー》が20ないし21keV．それでその後，証人自身の鑑定作業としてやられたとき《検

第３章　林真須美の頭髪鑑定は，鑑定人が「自ら測定を行ったものではない」　**49**

甲1232，測定は1999.5.17》の強さ《エネルギー》は，それより低かったんですね，12.2と12.9keV．keVというのは，どう読んだらよかったですか．」

中井「ケブと読みます．」《正しくは「キロ電子ボルト」と読む》

藤田「これは，なぜ違ったんですか．」

中井「後《検甲1232》の<u>12点何がし</u>《12.2と12.9keV》のほうは，<u>砒素の場所</u>《10.5keV》<u>に元素のピークが鉛のピークと重なるんですね，砒素のKα線と鉛のL線がですね</u>．それを避けるために，励起エネルギーを，鉛が励起できないようなエネルギー《12.2や12.9》を使ったというのが後《甲1232》の実験です．」《この中井証言は，下線で示した理由が挿入句となってわかりづらいから，語句を補足して語順を変えると「検甲63で当てた20ないし21keVのX線は，<u>10.5keVの場所でヒ素のピークが鉛のピークと重なるんですね，砒素のKα線と鉛のL線がですね</u>，それを避けるために，後の検甲1232は，鉛が励起できないような12.2と12.9keVの励起エネルギーを使った実験です．」》

藤田「<u>なぜ，12月16日はその鉛の影響が出るかもしれない20ないし21keVでやられたんですか．</u>」

中井「<u>ええ，これは正にもう時間的な制約ということで，そのほかの実験も，モリブデンの検出等の実験を行っておりましたので，X線のエネルギーを変えるということは，ある程度の時間が必要なんですね．で，その当時はそこまでする時間的な余裕がなかったという，そういうことです．</u>」

藤田「そうすると，12月16日のときは，ほかのことをやる中でこの毛髪のものを折り込んだので，エネルギーをこの<u>12点なんぼ</u>《12.2や12.9》にあわせてやる暇がなかったと，こういうことですか．」

中井「そうですね，はい．」(pp.37-39)

　鉛を除外してヒ素だけを検出するためには，「12点何がし」「12点なんぼ」，すなわち12.2〜12.9keVという選択励起条件の入射X線を使わなければならない．藤田弁護士が「<u>なぜ，12月16日はその鉛の影響が出るかもしれない20ないし21keVでやられたんですか．</u>」(43回p.38)と聞いたとおり，中井教授は検甲1232の図2 (本書図表5a，測定は1998年12月16日) は「<u>20ないし21keVで測定した旨</u>」(田口判決p.33)を証言し，鉛を除外してヒ素だけを検出する選択

50

励起の「12点何がし」ではなかったことを認めた．ところが「後の12点何がしのほうは，砒素の場所に元素のピークが鉛のピークと重なるんですね，砒素のKα線と鉛のL線がですね．」という証言は，意図したか偶然かは別として，中井証言を読んだだけでは意味がよくわからない証言になった．中井教授は，証言すべきことは証言したが，48ミリの鑑定に失敗したことは誰にも悟られずに済んだと思ったかもしれない．

しかし，実際に証言を聞けばその意味は誤解しようがない．文字で読めばわかりづらい「後の12点何がしのほうは，砒素の場所に元素のピークが鉛のピークと重なるんですね」という中井証言にすぐ続けて藤田弁護士は，「なぜ，12月16日はその鉛の影響が出るかもしれない20ないし21keVでやられたんですか．」（43回p.38）と聞いたから，藤田弁護士が中井証言の意味をその場で即座に正確に理解したことは明らかだ．藤田弁護士に限らず，刑事裁判の裁判官も民事裁判の裁判官も，48ミリの鑑定が証拠に値しないことを理解したはずだ．

3.9. 山地裁判長は48ミリを測定したときの蛍光X線スペクトルを中井教授に提出させた

中井教授は，前節で説明したとおり，48ミリのピークは選択励起ではないことを確定第1審で証言していた．すなわち，図表3の48ミリのピークは，亜ヒ酸が林頭髪に付着した証拠にはならない旨を証言していた．山地裁判長は，民事裁判で林真須美代理人弁護士の要求に応じて，図表5aの全範囲のスペクトルを中井教授に提出するよう命じた．

中井教授は全範囲のスペクトルをただ提出すればよかった．わかりづらい中井証言の意味を確認することが図表5bの提出を命じた山地裁判長の目的だったはずだ．

ところが，中井教授は，48ミリの「蛍光X線スペクトルの測定に使った励起X線のエネルギーは，15keVであることがわかります．」（pp.6-7）と中井陳述書②乙3（2020.1.10）に書いた．確定審の証言にある「20ないし21keV」とは違う主張だ．確定審小川判決（2002）では④48ミリは死刑判決の理由ですらなかったから，山地裁判長の命令に従って図表5aの生データを単に提出すればよかったにもかかわらず，確定審の証言と矛盾する陳述書を提出した．

2000年の中井証言と2020年の陳述書とが食い違ったのは，1998年12月に

測定した選択励起ではない蛍光X線スペクトルの13keVより右側の矢印の部分をトリミング(コンピュータなどで画像を加工して,都合の悪い部分を取り除くこと)によって隠ぺいし,1999年5月の「51,52ミリ」の鑑定書(検甲1232)に,まるで選択励起であるかのように装って図表5aを掲載したからだ。隠ぺいしたこと(選択励起ではない15keVの入射X線を使ったこと)や,ウソの供述(迷光が混ざっていたことを隠して「20ないし21keV」と証言したこと)は20年もすれば忘れてしまう。真実は一つだが,虚偽や隠ぺいは多様だ。

＊　　　　＊　　　　＊

中井教授は陳述書②乙3で図表5b等を示して,**「中井第2鑑定書**《検甲1232》**の図2**《本書の図表5a》**の10.5keVのピークx**《図表5bのx》**がヒ素ではなく鉛であるとする河合教授の同定はLβ線が確認できない以上,一つの推論にすぎません。」**と私の指摘を否定した上,48ミリのピークは「**ヒ素の分布を示していて,鉛の影響は受けていないと考えております。**」(p.7)とまで主張しはじめた。鉛のLβ線は図表5cでPb Lβと表示したとおり,明確に出現している。

「中井第2鑑定書《検甲1232》**の図2**《本書の図表5b》**の10.5keVのピークx」**は,選択励起ではない1998年12月16日に48ミリを測定したときの林頭髪の蛍光X線スペクトルだ。それを1999年5月17日の「51,52ミリ」の選択励起の鑑定書に掲載した。

48ミリのピークは**「12点何がし」**を使わなかったから,鉛かヒ素かを区別できなかった旨を,確定第1審で中井教授は証言していた。ところが2020年1月の民事裁判では,選択励起条件を満たしていない15keVであっても,48ミリ**「はヒ素の分布を示していて,鉛の影響は受けていない」**と主張しはじめた。

3.10. 選択励起

「48ミリは選択励起ではなかった」(3.5節)と題する節では,選択励起の原理は省略して,短く**「12.2～12.9keVのX線を,頭髪などの試料に照射し,10.5keVの蛍光X線信号を検出すれば,鉛を除外してヒ素だけを選択的に検出できる(選択励起)」**とだけ述べた。この意味がわかるなら本節はスキップしてかまわない。

図表6は鉛Pbとヒ素Asの原子模型だ。太陽系のような普通の原子模型とは異なり,電気のプラスとマイナスの引力を,万有引力のポテンシャル・エネ

図表6．鉛（Pb）とヒ素（As）の原子構造．

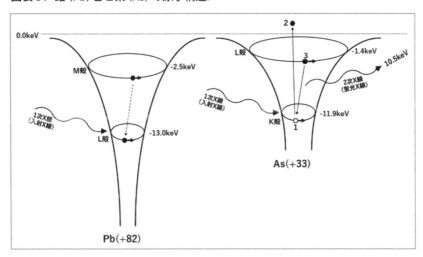

ルギー（深い穴）に喩えて描いたものだ．

　図表6右に示したように，ヒ素(As)原子に1次X線を照射して，K殻の「電子1」が入射X線のエネルギーをもらって「電子2」として原子の外へ飛び出すと，「電子1」が居た場所が空になるので，L殻の「電子3」が落ちてくる．このときの落差は10.5なので，鉛も励起できる13keV以上の1次X線を照射すると，鉛L電子が原子の外へ飛び出すので，鉛のM→Lの落差で発生する蛍光X線10.5keVと区別できない．ところが，12.2～12.9keVの1次X線を照射すれば，鉛L電子は原子から出られないから，10.5keVの蛍光X線はヒ素に限られる．これが選択励起だ．

　電子は原子核に近い方から外へ向かってK，L，M殻(shell)というグループを形成して次第に大きな円軌道を周回する．図表6左の鉛(Pb)にはK殻も存在するが，K殻は穴のずっと深い場所（-88keV）にあるので描いてない．Kから始まるのは，Kより深部にA，B，……J殻があっても間に合うようにKから始めたからだ．1923年には「JX線発見」という誤報がNature誌に出たこともある．

　第5章では12.95keV（1999.10.13検甲1294）も出てくるが13keVを超えないから選択励起．ただし中井教授の実験誤差は大きい．10.5keVに出現するはずのヒ素のピークが検甲1300（1999.11.18-23）では10.1keVに出ていた（『鑑

定不正』p.25図表3）．12.95から0.4ずれると13.35になるから選択励起条件13.0を超える．検甲1294にはX線スペクトルが示されていないから，選択励起ではなかった可能性も否定できない．

　中井鑑定では，入射光は純粋な単色光ではなく，16〜20keV以上の迷光が広範囲にかつ強く混ざっていたから，死刑判決の証拠にできない．中井教授は不完全な言葉で「砒素の場所に元素のピークが鉛のピークと重なるんですね，砒素のKα線と鉛のL線がですね．」と証言した．裁判官は検甲63が不適切な鑑定だったことを知ったうえで，千ページ近い判決書を書き，重要事項に触れないという不正を行なった．重要事項を説明せずに契約させるのと同じ不正行為だ．不正に死刑判決を出した．

3.11. 中井ホームビデオが示す中井教授の偽証

　図表3の④48ミリ鑑定（1998.12.16）で選択励起を使わなかった理由を，「時間的な制約ということで」「X線のエネルギーを変えるということは，ある程度の時間が必要なんですね．で，その当時はそこまでする時間的な余裕がなかったという，そういうことです．」と中井教授は証言した（3.8節）．

　ところが中井教授が確定第1審へ提出した「中井ホームビデオ」（VTS_01_2，KEK-PFで撮影）には，その時間的余裕がなかった日（1998.12.16）に選択励起条件の12.6keVで，高純度の酸化鉛PbOを測るシーンが録画されていた．

　ここでいう中井ホームビデオとは，中井教授が1998年12月のSPring-8とPFで行なった鑑定の様子をホームビデオで撮影し，裁判に証拠として提出したものだ．和歌山地裁浅見決定（2017）では「**中井がSPring-8及びPFにおいて放射光分析を行った際にその状況がホームビデオで撮影されて，そのビデオが第1審弁護人らに開示され，……河合毛髪等論文⑲は理由がない．**」（pp.146-147）と河合論文を否定する理由にした．そのホームビデオが，こんどは中井教授の偽証を示す証拠になる．浅見決定が棄却した「河合毛髪等論文⑲」の詳細は省略するが，もちろん私の論文に間違いはない．

　このホームビデオで中井教授は「**えー，これは酸化鉛PbOを測定しているときの映像です．ヒ素のKα線と鉛のL線が重なってしまうために通常の蛍光X線分析ではKβ線を用いない限りヒ素と鉛を，特にヒ素を識別することは難しいわけです．そこで放射光では波長を自由に変えることができるので，鉛が励起できないようなエネルギーに設定すればですね，ヒ素のみが検出すること**

ができます．これは酸化鉛にそのようなエネルギーすなわち12.6keVのX線を照射しています．そういたしますと，ここに，この青い線のところなんですけども，ここに出現が期待されるピーク，そのえー出てまいりません．非常に低い酸化鉛ですけども，ここにありますようにピークとして認識できないわけです．《5秒間沈黙》このような特殊なテクニックを放射光を利用すると使うことができます．ヒ素の，えー，鉛のピークは540になります．ヒ素のピークも同じように540になりまして，通常では認識ができませんが，鉛が励起できないようなエネルギーを使うことによってこのように鉛のピークを打ち消すことができるわけです．」(11〜13分)と動画とともに中井教授の声でナレーションが録音されている．

　純度100％の酸化鉛PbOを測定し，その鉛のピーク(peak, 原意は山頂)は「そのえー出てまいりません」と言った直後に，出ていないのではなく「非常に低い」と言い直し，さらに「ピークとして認識できないわけです」ともう一度言い直している．図表5aで「As」と中井教授が表示した10.5keVのピークは，537〜541番目のデータに相当する．ホームビデオの「540」の位置には「非常に低い」コブ状の鉛Lα線が写っている．「ピークとして認識できない」と言うように，槍ヶ岳のような切り立ったpeakではないが，コブ(hump)は見える．

　このホームビデオのスペクトルはPbOを選択励起条件で測定したものだが，鑑定書には掲載されていない．選択励起の失敗を示す決定的な証拠だからだ．選択励起で100％の酸化鉛PbOを測定すると，鉛PbLα線が，540チャネルすなわち「As」の位置にコブ状に出た．

＊　　　　＊　　　　＊

　「X線のエネルギーを変えるということは，ある程度の時間が必要なんですね．で，その当時はそこまでする時間的な余裕がなかった」というのは，偽証とも言えない微妙な証言だ．「何十億円もの費用と予備研究も含めた何年もの歳月」(3.7節)をかければ不可能だとは言えないからだ．中井証言の多くには，こうした裏がある．中井教授の論文や学会発表も同様だ．同じ分野の研究者の多くはそれを知っている．賢明な研究者は中井教授の学会発表や論文などを無視して関わらない．しかし私は特にこの事件は無視できない．

3.12. 中井教授が偽証した理由

　中井教授は「**励起エネルギーを，鉛が励起できないようなエネルギー《12.2や12.9》を使ったというのが後《検甲1232》の実験**」だという1999年5月17日の林頭髪鑑定書(検甲1232)に，どういうわけか，前年12月16日の「**20ないし21keVで測定した**」林頭髪のスペクトルの，鉛のピークを「As」と書いて掲載した(図表5a)．図表5aでは13keVの右側をトリミング(コンピュータなどで画像を加工して，図表5cの矢印部を取り除いたこと)までして，入射X線を15keVに設定したことや16keV以上に強い迷光が混入していることを隠した．

　民事裁判の証人尋問(2020.1.30)の直前に提出した中井陳述書②(2020.1.10乙3)には本書図表5bなどが掲載されていた．数値データをもとに図表5cとしてプロットしなおすと，検甲1232図2(本書図表5a)のスペクトルは15keVにモノクロメータを合わせて林真須美頭髪を測定した上，13keVの右側をトリミングして16〜20keVに現れた迷光までも隠していたという新事実が発覚した．選択励起ではなかった．

　BL–4Aを建設したKEK-PFの飯田厚夫教授から聞いたBL–4Aの物理定数(河合意見書46新弁173)によれば，林真須美頭髪に山内助教授が検出した90ppbのヒ素が付着していても，BL–4Aの検出下限には達せず，検出できない．迷光などを含まない理想の選択励起ならppmレベルのヒ素は検出できた．鉛と重ならないヒ素の近傍の元素は0.1ppmまで検出できる．

　1998年12月に測定した図表5aに相当する林頭髪の蛍光X線スペクトルを，翌年5月の鑑定で中井教授が測定しなかったというのは，常識的に考えて，あり得ない．まともな分析化学研究者なら，測定したはずだ．12月よりも迷光が悪化していたなどの，「51,52ミリ」にヒ素を検出したときの蛍光X線スペクトルを公表できない不都合な理由があるはずだ．

　要するに，林真須美頭髪からはヒ素を検出できなかったし，食事に由来する内因性のヒ素が頭髪に含まれていたとしても，中井鑑定の検出感度に達しないうえに，選択励起に失敗したから，鑑定書をゴマカシたのだ．

　小説と現実との混同は慎むべきだが，次章で引用する帚木蓬生の小説『悲素』によれば，和歌山県警光山刑事が九大沢井教授に電話(1999.1.5)する以前に，小説の内山助教授は①48ミリの鑑定結果を和歌山県警に詳細に伝えていた．48ミリの鑑定を山内助教授が1998年のうちに独断で広めてしまったから，中

井教授と検察は，頭髪に亜ヒ酸が付着するという誤った鑑定で裁判を乗り切らざるを得なくなったのだ．山内助教授は検甲63を和歌山県警察本部長殿宛に提出した．私が見た山内鑑定書は，検甲63以降は和歌山地検宛に一本化された．地検にとって，山内助教授が48ミリを先に県警に伝えてしまったのは痛い失敗だったはずだ．しかもその間違った山内鑑定書が最高裁の死刑判決②になった．

＊　　　　　＊　　　　　＊

　2本の中井ホームビデオVTS_01_2(1998.12.15)とVTS_01_3(1998.12.16)を見比べると，PFでの鑑定を撮影した1998年12月15日の動画には鉛板が写っている．翌16日の動画からは鉛板が消えている．鉛板を外す前に図表5を測定した可能性も否定できない．迷光X線が強い場所に鉛板を貼るから，鉛が発する$L\alpha$蛍光X線は致死強度のX線を発したはずだ．

　ホームビデオによると，試料台の周りには様々な種類の電線も引き回されている．電気配線の絶縁被覆などは数％の鉛(Pb)や難燃剤の臭素(Br)を含む．図表5cには，Brと示した蛍光X線ピークも出ている．電気配線の難燃剤だろう．ステンレスが含む鉄(Fe)，ニッケル(Ni)，クロム(Cr)も図表5cには出ている．金属部品にもシンクロトロン放射光が当たっていた．一方で頭髪に含まれる硫黄(S)やカルシウム(Ca)は図表5cには出ていないから，入射X線は頭髪には当たっていなかったはずだ．

　1999年5月17日の検甲1232鑑定の前には「**悪事は裁かれるという科学の力を示すことで，全国の毒物混入事件に対する抑止力になる**」(鍛治信太郎, サイアス誌, 1999年4月号p.10)という中井発言を引用した記事が，当時としては有名な科学雑誌サイアスに掲載された．悪事を裁くためなら多少の鑑定不正や偽証も中井教授は可としたのだろう．

　中井ホームビデオには山内助教授はどこにも映っていない．「**山内助教授は，被告人の毛髪4か所分について分析した後，中井教授に放射光による分析をしてもらうこととし，加門警部に対し，PFで中井教授に渡して欲しいと依頼した．そこで，加門警部は，中井教授のPFでの分析に立ち会う予定になっていた科捜研の山本主任研究員に，被告人の毛髪資料を山内助教授から受け取りPFで中井教授に渡すよう依頼した．**」(小川判決2002pp.394-394)というから，山内助教授は，1998年12月の中井鑑定に臨むことなく，伝聞だけで④「**切断部から48mm位置に高濃度の砒素を検出した．**」と鑑定書で結論したことになる．山内助教授は「**超低温捕集－還元気化－原子吸光光度計**」で⑩3価ヒ素を

検出していなかったことも第6章以降で明らかになる.

3.13. 無実の証拠となるデータの削除

「山内頭髪鑑定書の結論」(3.2節)と題する節で，④と回という「**二つの高精度な砒素分析において，異常な砒素を共通して検出し一致した**」(検甲63p.5)と，聖マリアンナ医科大学山内助教授が鑑定書で結論したことを引用した.「**共通して検出し一致した**」理由は，一致しないデータを中井教授が削除したからだ.都合の悪いデータを削除すれば，残ったデータは一致する.

「米国では，研究室内の行為であっても，実験ノートのページを破っただけで，不都合なデータを隠ぺいした研究不正行為とみなされる」という趣旨のことを，私が1988年当時に勤務していた東京大学生産技術研究所へ米国留学から帰国した研究者から聞いた.実験データの削除は，会計帳簿のページを破る行為にも匹敵する不正行為だ.

東京理科大学 中井教授は兵庫県のSPring-8で1998年12月11〜13日にかけて，林真須美関連亜ヒ酸と，カレーに混入された亜ヒ酸とが，どちらもSnとSbの含有量がほぼ同一であり，BiはSnおよびSbの数倍多く含まれるという「**パターン**」を見つけ，つくば市のPF(フォトンファクトリー)へ移動して，12月14〜16日にかけて，これらの亜ヒ酸のどちらにもMo(モリブデン)が含まれるという「**パターン**」があるうえに「**類似した特徴を与える亜ヒ酸が当時の国内には，他に流通していなかった**」から亜ヒ酸は「**同一物**」だと結論した.さらに12月16日には林頭髪の48ミリの位置にヒ素を検出した(図表3.実際には鉛だった).そこでSPring-8なら，林家の亜ヒ酸に先天的に含まれる微量のビスマス(Bi)などの元素が，頭髪の48ミリに付着した亜ヒ酸粒子からも検出できる，と中井教授は考えたらしく(これに相当する記述が第4章で引用する帚木蓬生の小説『悲素』に「**毛髪に砒素がついているのであれば，それが他の所《夫とシロアリ駆除業をしていた関係者の家》で見つかった砒素と同一物かどうか，調べる**」「**T理科大の仲教授に依頼することになっています**」と書いてある)，つくば市のPFから再び兵庫県のSPring-8に向う途中の12月18日午前2時ごろに，高速道路のインターチェンジで山内助教授から追加の林頭髪を受け取り，12月18，19日にSPring-8で林頭髪を鑑定した.

ところが，SPring-8の12月18，19日の頭髪鑑定では「**いや，それは実際に《林頭髪を》測定してみまして，砒素すら検出できなかったので，《データは》**

残っていません」(第43回p.29)と中井教授は証言した．中井教授は「**砒素すら検出できなかった**」測定データをコンピュータから削除した．頭髪にヒ素を検出しなかったなら，それは林真須美の無実を示す証拠のはずだ．実際には，鉛ブロックが発する蛍光X線がヒ素のピーク位置(10.5keV)に強く出ていたから削除したのだ．それを誰かに見られたら，中井鑑定は信用を失ったはずだ．

3.14. 鉛ブロックに囲まれた中に置いた林頭髪鑑定

　中井教授は紙コップに付着したヒ素をPFで1998年12月14〜16日に測定し，「プラスチック容器及び紙コップの資料のスペクトルはいずれも明瞭なヒ素の存在を示した．特に，紙コップの測定では，**ヒ素の蛍光X線で検出器が飽和して測定不能になるほど多量のヒ素がほぼ紙コップ全面に付着していることが判明した．**」(p.7)と亜ヒ酸異同識別鑑定書(検甲1170)に書いた．このとき使用したX線のエネルギーは「**20〜21keV**」だったから，選択励起ではない．紙コップに付着したヒ素は「**ヒ素の蛍光X線で検出器が飽和**」するほど高濃度だったから選択励起でなくても検出できた．

　「中井ホームビデオ」(3.11節)で述べたように，中井教授は12月16日にPFで酸化鉛PbOを12.6keVの選択励起で測定し，Pbのピークがほとんど消失することをホームビデオに録画した．このPbOは酸化鉛100％だから，迷光が混ざった選択励起でも鉛のピークはほぼ消失したように見えた．しかし，ppmのヒ素検出は，そうはいかない．

　頭髪に付着したヒ素どころか，その付着ヒ素に含まれるビスマスまでも，SPring–8なら高感度に検出できると中井教授は思ったらしい．しかしSPring–8で12月18日に実験を始めてみると，前節の中井証言どおり「**いや，それは実際に《林頭髪を》測定してみまして，砒素すら検出できなかった**」から，ppm濃度のヒ素の検出には，選択励起が必須だと初めて気づいたのだろう．それと同時に山内助教授に渡した図表3の48ミリのデータが鉛だったことにも気づいたはずだ．

3.15. 裁判は恐い

　中井教授はSPring–8で12月18，19日に行なった林真須美頭髪鑑定で「**砒素すら検出できなかった**」理由を，「**ここで見ている毛髪中の砒素などは，そ**

れこそppmレベルの，100万分の1ですから極めて少ない量の砒素を検出しようとする，そういうときは励起効率が問題になる．」(43回p.33-34)と証言して「励起効率」という難解な専門用語を用いた．繰り返しになるが，1ppmは1/1,000,000(百万分の1)を意味する．鉛ブロックや鉛板は100%の鉛に相当する強度の蛍光X線を発するが，頭髪にヒ素が付着していたとしても，ヒ素の蛍光X線は鉛の100万分の一の強度にも達しない蛍光X線しか発しない．

　ところが，「②被告人の頭髪からも高濃度の砒素が検出されており，その付着状況から被告人が亜砒酸等を取り扱っていたと推認できること」と序章で最高裁那須判決(2009)を引用したように，最高裁は，林真須美頭髪には「高濃度の砒素」が付着していたと誤認した．

　裁判は恐い．「砒素の場所に元素のピークが鉛のピークと重なるんですね，砒素のKα線と鉛のL線がですね．」という中井証言があったから，頭髪の㋑48ミリ(図表3)は鉛かヒ素かを区別できなかったはずだ．「毛髪に付着している砒素がppmレベルの極めて微量」だからヒ素が検出できなかったというのは，無実の証拠のはずだ．ところが，ビームラインの鉛から発した蛍光X線ピークは，いつの間にか「高濃度の砒素」が林頭髪に付着していたことを示す証拠になり，「その付着状況から被告人が亜砒酸等を取り扱っていたと推認できること」が最高裁死刑判決3理由の1つとなった．

　裁判は恐い．最高裁那須弘平裁判長ら5人の裁判官全員が確定第1審判決の日本語を読み間違えたか，裁判資料をそもそも読まなかったのだ．那須判決(2009)がそれを立証している．これがカレーヒ素事件裁判の本質だ．読み間違いや怠慢は，自由心証主義で逃げられるものではない．

＊　　　　＊　　　　＊

　当時の記憶媒体は1メガバイトのフロッピーディスクだったが，現在のギガバイトのUSBメモリと同様，安価で，しかも容易にデータを保存できた．図表5cのデータはtxtファイルで16キロバイトに過ぎない．

3.16. 無実を証明するデータのありか

　図表7は中井教授自身の頭髪に亜ヒ酸を指で擦り込んで1999年5月17日にPFで12.2keVの選択励起X線で測定した蛍光X線スペクトルだ(検甲1232)．図表5aと同じように，13keV以上がトリミング(コンピュータなどで画像を加工して，都合の悪い部分を取り除くこと)されている．中井教授がトリミ

図表7．1999年4月20日に亜ヒ酸を指で擦り込んだ中井頭髪にPFで12.2keVの入射光を当てて1999年5月17日に測定したX線スペクトル（中井鑑定書検甲1232図4）．薄い文字は河合意見書46（2018.12.1）による．Cはコンプトン，Esはエスケープ，▼は迷光．

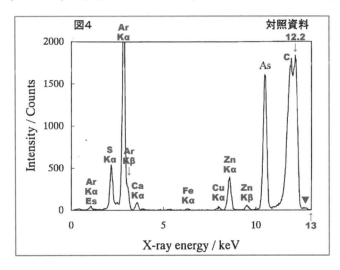

図表8．林真須美頭髪の毛根側の切断面から「51,52ミリ」の位置にヒ素を検出したとする中井鑑定書検甲1232の図1．

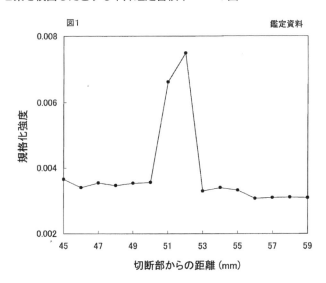

ングした範囲は，図表5cに矢印で示した範囲と同じだ．図表7のAs以外の
ピークの帰属を示す書き込みはcや▼も含めて河合による．林頭髪の「51,52
ミリ」（図表8）にヒ素を検出したときの蛍光X線スペクトルは測定しなかった
と中井教授は主張してきた．検甲1232にも掲載されていない．

　図表7のスペクトルは亜ヒ酸をすり込んだ中井教授自身の頭髪だが，13keV
の右側に隠された部分には，林真須美が無実であることの決定的な証拠が隠さ
れている．図表7をよく見ると，入射光12.2の少し右に逆三角形▼で示した
迷光が見える．選択励起が正しく実行されたなら，12.2より右側は完全な暗
黒になる．ところが逆三角形▼で示したコブが見えるほど迷光が強かったの
だ．図表7のトリミングした部分には，図表5cと類似する不都合なデータを
隠してあるはずだ．

　林頭髪の「**ppm レベル**」（＝100万分の1）のヒ素を検出するためには，迷光
の積分強度（図表5cの13keVの右側全体）を100万分の1より1桁は弱くしなけ
ればならない．そんなことはできなかったことを示すのが逆三角形▼の小さな
コブだ．13keVの右のトリミングした部分には，林真須美の無実を立証する
迷光が隠されている．

　13keVの右側に迷光が存在すれば，林頭髪の「51,52ミリ」（図表8）がヒ素
だとする検甲1232も，鉛だったことになる．

＊　　　　＊　　　　＊

　図表7から，中井教授自身の頭髪に付着したヒ素の濃度は，極めて高濃度だ
ったこともわかる．図表7の12.2keVのピークは，シンクロトロンからの極
めて強い入射X線が中井頭髪に散乱されたものだ．入射X線は当たれば即死
する強さだ．ところが図表7の10.5keVのヒ素のピークは，12.2keVのピー
クとほとんど同じ高さだ．1999年4月20日に中井頭髪に擦り込んだヒ素は，
ppmとは比べ物にならない，何桁も高濃度だったことが，ヒ素（10.5keV）と入
射光（12.2）のピークの高さを比べてわかる．そんな高濃度の亜ヒ酸を中井頭髪
に擦り込んで（1999.4.20），5月（1999.5.17）と10月（1999.10.13）に頭髪にヒ
素が残留することを示した鑑定が，それぞれ，検甲1232と検甲1294だ．そ
んな高濃度の亜ヒ酸を擦り込んだ頭髪を4月20日に準備していたから，検甲
1232と1294では林頭髪にヒ素が検出できないことを見越して準備した対照
試料だったことがわかる．そんな高濃度のヒ素を5か月後に検出しても意味は
ない．頭髪にヒ素が残留する鑑定は，4.6節で明らかになるように，そもそも
ガラスの消泡剤を誤検出した1980年の山内論文を根拠にしていたからだ．

第4章
小説『悲素』

4.1. 帚木蓬生『悲素』

　帚木蓬生は，東京大学仏文科と九州大学医学部とを卒業した小説家であり精神科医だ．その小説『悲素』(新潮社, 2015)はカレーヒ素事件を題材にした小説だ．小説の登場人物は多いが，沢井教授と内山助教授の2人だけに注目すればわかりやすい．読んでみると，九州大学医学部井上尚英教授(事件当時)がカレーヒ素事件の経験を帚木蓬生に話し，それをテープ起こしして，実在の人物名を架空の氏名に置き換えた内容だと推認させる小説だ．なぜなら，たとえば，

　　　光山刑事は手帳の文字を読み上げながら言った．
　　「それは<u>高周波誘導プラズマ発光分光分析計</u>です．これで亜砒酸に含まれている微量元素を測定します．こんな高度の機械が，よく科学警察研究所にありましたね」
　　「いえ，<u>どこか外部の機械を使って行うとの話でした</u>」(第25章p.408)

という光山刑事と沢井教授の会話が小説にある．しかし，内容を考えれば，正しくは，

　　　光山刑事は手帳の文字を読み上げながら言った．
　　光山「それは高周波誘導プラズマ発光分光分析計です．これで亜砒酸に含まれている微量元素を測定します．」
　　沢井「こんな高度の機械が，よく科学警察研究所にありましたね」
　　光山「いえ，どこか外部の機械を使って行うとの話でした」

という会話だからだ．テープ起こし業者が内容を理解せず機械的に文字にし

て，話者を間違えたまま，最終チェックをすり抜けたからだろう．沢井は九州大学医学部 井上尚英教授をモデルにした主人公だ．

小説には同じ話が複数回出てくる部分もある．何日にもわたって話をすると，前に話したことを忘れて同じ話を繰り返しがちだ．それにしても，沢井教授，いや井上教授の記憶力には驚く．記述は具体的で細かい．

科警研が鑑定に使った「**高周波誘導プラズマ発光分光分析計**」はICP-AES (Inductively-coupled plasma atomic emission spectrometer) と呼ぶ装置だ．分析化学専門家は「誘導結合プラズマ発光」などと呼ぶ．高周波も誘導も説明すると長くなるから，第2章では「プラズマ分析」と呼んだ．インターネットを検索すれば，蛍光灯を電子レンジに入れると水銀がプラズマ化して光る動画が見つかる(危険なので真似しないでほしい)．これと同じ原理で元素分析するのがICP-AES だ．

小川判決(2002)には「**このICP-AES による分析は，使用する分析機器の関係で，セイコーインスツルメンツ社の幕張研究室で行われた．《科警研の》鈴木技官は，セイコーインスツルメンツ社製のICP-AES を使って分析をするのは今回が初めてであったが，鑑定作業に入る前に，少なくとも3回は標準資料により試験分析等を行い，その精度について確認した．また，鈴木技官は，ICP-AES の機器の扱いについて，セイコーインスツルメンツ社のICP-AES の開発からアプリケーションまで携わっている技術者から指導を受けた．**」(p.103)と書いてある．光山刑事が「**どこか外部**」と言うのは「**セイコーインスツルメンツ社の幕張研究室**」のことだ(『鑑定不正』第3章)．私も講演のために「**幕張研究室**」を訪問したことがある．

科警研鈴木技官は，初めて使う数千万円の装置で3回試験分析して本鑑定を行なったという．普通は考えられない．自動車を初めて運転する人が，教習所を3周しただけで無免許で高速道路に出るようなものだ．実際には「**セイコーインスツルメンツ社のICP-AES の開発からアプリケーションまで携わっている技術者**」が測定した．だから信頼できる．林真須美関連亜ヒ酸と，紙コップ付着亜ヒ酸は，異なる成分だった．だから，科警研は対数計算によって異なる成分だったことを隠ぺいした(『鑑定不正』p.39ff.)．

『悲素』はフィクションであるにもかかわらず，小説の中の日時や内容は，実際の裁判資料とほとんど矛盾がない．本章では，フィクションであることは承知の上で，裁判資料だけではわからない林真須美頭髪鑑定の全体像を知るために引用する．

64

4.2. 1999年1月5日

　小説『悲素』の第26章「毛髪の砒素」には，主人公 九州大学沢井直尚教授と和歌山県警光山刑事との1999年1月5日の電話での会話がある．小説では話者が書いてないから，読んでいて誰が話しているのか混乱することもある．

　　光山刑事の口調が弾む．「以前，先生が髪の毛についた砒素は，洗っても落ちないとおっしゃいました．それで真由美容疑者から髪の毛を採取したのです．まさか本人は，髪についた砒素が残るなど，思わなかったのでしょう．喜んで応じたそうです．医師立合いのもと，左右の前頭部と左右の後頭部，そして頭頂部というように，五ヵ所に分けて，合計二百本ほど，頭皮から1センチのところで切りました．それが12月9日，再逮捕の日です．鑑定はM医大の内山助教授に依頼しています．その結果が年末に出され，明けてすぐ，正式な回答が届きました」
「砒素が出ましたか」
「出ました．もともと砒素は，体内にも微量存在するそうですね」
「ええ，ジメチル化砒素という形で存在します．無毒化された砒素です」
「その微量の体内砒素は，五ヵ所で同じだったのに，無機の砒素は，右側の前頭部からだけ検出されたそうです．容疑者は右利きで，右手で髪をかき上げる癖があるので，理屈にかなっています．ともかく有力な証拠になります．ありがとうございます」
「それは正月早々，朗報です」
　　思わず頬がゆるむ．「毛髪に砒素がついているのであれば，それが他の所で見つかった砒素と同一物かどうか，調べる手もあります」
「そうです，そうです．内山助教授の紹介で，その異同は，T理科大の仲教授に依頼することになっています」
「仲教授なら，何とかしてくれるでしょう」
　　ヒ素研究会で，内山助教授が一度言及したのが仲教授だったのを思い出す．
「はい．仲教授には，これも内山助教授の紹介で，容疑者の毛髪のどの部分に一番砒素の反応が出るかも，すでに実験していただいています．使ったのは，もちろん右前頭部の髪の毛です．方法は，何か放射光のビームを毛髪に当てながら，少しずつずらしていくやり方です」

「なるほど」

「すると，切断した根元の部分から48ミリから52ミリのところで，砒素が付着している反応が出ました」

「つまり，切り口から5センチあたりのところですね」

　容疑者が手で砒素を扱い，その手で前髪を撫で上げた証拠になるだけでなく，それがいつの時点だったかも推測できる．「鋏で頭髪を切ったのは，頭皮から1センチの箇所ですよね」

「はい．ですからもともとの髪の毛で言えば，6センチのあたりです」

「通常，前髪をかき上げるとき，女性は髪の根元から指を上にやりますよね」

　電話口で，自分の髪を扱いながら問いただす．毛髪の伸びは，ひと月およそ13ミリだから，60ミリならばおよそ4ヶ月半で伸びることになる．砒素が根元に付着したとなれば，12月9日から4ヶ月半引くと，7月下旬になる．

「容疑者は，昨年7月下旬以前に砒素を扱ったと，一応推測できますね」

「はい．内山助教授の判断も同じでした．それから，10月に容疑者宅を徹底捜索した際，麻雀部屋の椅子や，床に置いた飾りの花瓶からも砒素が検出されています．容疑者が砒素を扱ったのは，間違いありません」

「しかし決め手は，毛髪についた砒素が，他で見つかった砒素と性質が同一かどうかです」

　光山刑事の楽観的な意見をただすつもりで言う．

「はい．いずれそれも，仲教授に正式な鑑定依頼が行くと思います」

（pp.409-411）

　ここで引用した部分で，現実と違うのは，(i)小説が「**明けてすぐ，正式な回答が届きました**」というのに対して，現実の山内鑑定書検甲63が「**和歌山県警察本部長殿**」宛に提出されたのは1999年3月29日付だったこと（3.12節参照），(ii)頭髪の分析値が「**五ヵ所で同じだった**」とあるが，頭部5か所から採取した頭髪のうち，分析したのは頭頂部を除く4か所だったこと（「**頭頂部の毛髪を持参し忘れた**」10.3節），(iii)「**毛髪についた砒素が，他《林真須美関連の場所》で見つかった砒素と性質が同一か**」という鑑定は，中井教授がすでに12月18日にSPring-8で行い，「**実際に測定してみまして，砒素すら検出できなかったので，残っていません**」（3.13節）と，鑑定に失敗してデータを削除していた点が，

現実と違う程度で，ほとんどの経過に関して，現実と矛盾しない内容が細部まで書かれている．

それにしても「**仲教授なら，<u>何とかしてくれるでしょう</u>**」という発言は微妙だ．実際，中井教授は図表５ｃの矢印で示した右側部分をトリミングしてしまったのだから．

4.3. 1998年10月10日

小説『悲素』の主人公，沢井教授が，1998年10月10日(林真須美逮捕10月4日，再逮捕10月9日の翌日に当たる)和歌山東警察署 署長室で，肝吸の添えられた最高級の鰻重の昼食を食べながら，以下のような会話が描かれた部分がある(第24章「砒素のありか」)．沢井教授が「**不意に思い出して，口にする**」場面から引用する．

「教室に残っている論文を調べていて，面白いなと感じたものがあります」
　不意に思い出して，口にする．「体内にはいった砒素が，髪の毛や爪に残るというのは，常識です．今回の事件でも，和泉氏の爪や頭髪に砒素が残留しているはずです．<u>ところが，手についた砒素で髪の毛を撫でた場合も，髪の毛に付着してなかなか落ちません．そんな実験をした論文がありました．シャンプーで洗っても落ちないようです</u>」
　その論文を読んだとき，よくぞそんな実験を思いついたものだと苦笑した．おそらく<u>西石教授</u>の指示があったのに違いない．
「先生，そんな論文が本当にあるのですか」
　身を乗り出したのは三島検視官だった．
「ええ，ありました．毛髪の表面は微細構造になっているので，そこにヒ素の結晶がからみついて，落ちにくいのだと思います」
「容疑者は，頻繁に前髪を撫でる癖があります．となると，手で扱った砒素が前髪についている可能性がありますか」
「あると思います」
　確信を持って答える．三島検視官が署長と目を合わせた．
「髪の採取は可能ですか」
「逮捕しているのですから，可能です．任意提出ではありません」
　署長が断言する．「もちろん，裁判所から鑑定処分許可状を取る必要が

あります」

「でしたら，左右の前頭部，左右の後頭部，頭頂部というように，五ヵ所くらいに分けてとるといいでしょう」

「何本くらいを？」

「各部位4〜50本もあれば，分析可能なはずです．新品の鋏で，根元から切ることです」

「分かりました．さっそく手はずを整えます」

　署長が答える．（pp.392-393）

　カレーヒ素事件では，頭髪に亜ヒ酸が付着していたかどうか，という鑑定をしつこく行なっている．少なくとも以下の(ア)〜(カ)に列挙する6つの頭髪鑑定が行なわれた．

(ア)　検甲63の④ PF における鑑定(1998.12.16)，

(イ)　SPring-8で林頭髪を鑑定して(1998.12.18)「**いや，それは実際に《林頭髪を》測定してみまして，砒素すら検出できなかったので，《データは》残っていません**」と中井教授が証言した鑑定，

(ウ)　検甲1232の PF における林真須美の頭髪鑑定(1999.5.17)，

(エ)　中井教授の頭髪鑑定(1999.5.17)，

(オ)　中井頭髪に強制的に付着(1999.4.20)させたヒ素が長期間残存することを示す PF での鑑定(1999.10.13)，これ以外に

(カ)　⑩聖マリアンナ医科大学における原子吸光装置による鑑定(1998.12.11)．

ボールドで示した(ア)〜(オ)は，第5章冒頭で小川判決(2002)から引用する「**中井教授の分析結果**」に合わせてある．

　小説の「**西石教授**」は沢井教授の前任の九州大学教授だ．一方，九州大学石西伸教授(1928–2001)は，日本ヒ素研究会のホームページと Arsenic Letter 誌 No.1 (1996.6) Web 版〔http://www.arsenic-sci-soc.jp/ArsenicLetter.html〕によると，1985年設立の「ヒ素研究会」の会長を1985〜1995年まで務めた．「ヒ素研究会」は1996年から「日本ヒ素研究会」と名称を変更した．

4.4. 法医学者も不可能だと笑う頭髪ヒ素分析

　ラスキンの翻訳家として知られる英文学者 内藤史朗 大谷大学名誉教授が編

集する「榕樹文化」誌には，米国コロラド大学Anthony T. Tu(杜祖健)名誉教授がしばしば論考を発表している．「榕樹文化」73・74合併号(2021年秋季-22年新年号, 2021年10月1日発行)には「**私が相談に乗ったヒ素殺人事件**」と題するTu 先生の論考が掲載されていて，「**死刑判決は主にスプリング8による証拠が一番主要なものであるがそれに付随しての証拠は林眞須美の髪の毛を検査したら，ある特定の時期にヒ素が見つかったという．この話を日本の法医の先生に話すと皆不可能だと笑う．**」「**そんな外からくっ付いたヒ素があるにしても何カ月も残ることは無い．この証拠は素人の私《Tu》でもあり得ないと思う．**」とTu 先生は書いている．

　小説『悲素』にもTu 先生は実名で複数回登場する．「**科学警察研究所は台湾出身で米国在住のアンソニー・トゥー教授にファックスを入れていた．元来は生化学者であるトゥー教授は，毒物学の世界的第一人者で，長くコロラド州立大学で中毒学の講義を担当していた．**」(p.221)と「地下鉄サリン」と題する第14章に詳しく書いてある．

　Anthony T. Tu 先生はコロラド大学で長年にわたり蛇毒の研究をしてきた．毒物一般に関しても世界的な権威だ．オウムサリン事件の解決にも，多大な貢献があったので，2009年に旭日中綬章を受章した．植民地時代の台湾出身で日本語が流ちょうだ．

　私はカレーヒ素事件をとおしてTu 先生と知り合い，Tu 先生の自宅に何度か泊めてもらった．詳細は『鑑定不正』に書いた．Tu 先生は，サリン事件の被害者や科警研技官に対してはもちろん，記者であろうがオウム死刑囚であろうが，誰に対しても誠実に接するのを知った．新聞記者に対して丁寧に対応するTu 先生を私は実際に何度も見た．死刑囚との対話に関してもTu 先生からその体験を聞いたり，『サリン事件死刑囚中川智正との対話』(KADOKAWA, 2018)というTu 先生の本で読んだ．Tu 先生は米軍の委託で中川智正死刑囚に面会してサリンやVX ガスの調査をしてきた．死刑囚には，ふつうは家族や弁護士以外は面会できないそうだ．こういう事件に接する場合，Tu 先生から学んだ最も重要なことは，誠実かつオープンであることだ．本書を出版する目的でもある．

　「榕樹文化」のTu 先生の論考にあるように，頭髪にたまたま付着した亜ヒ酸粒子が何カ月も付着し続けることはない，というのが「**日本の法医の先生**」たちの常識らしい．その常識を押して，前節の(ア)〜(カ)で列挙したように，なぜ何回も頭髪に付着したヒ素を検出しようと試みたのか不可解だった．もちろん，

その常識が正しいかどうかをチェックする必要があることは言うまでもない.

4.5. カレーヒ素事件で頭髪鑑定を繰り返した理由

亜ヒ酸粒子がたまたま頭髪に付着しても,亜ヒ酸は「**シャンプーで洗っても落ちない**」で長期間にわたって検出される,という論文が,九州大学沢井教授の前任の西石教授の時代から研究室に保管されていたことが,小説『悲素』に書いてある(p.393). その論文を読んだ沢井教授が,真由美容疑者の再逮捕の翌日に,最高級の鰻重の昼食を食べながら真由美頭髪ヒ素鑑定を和歌山東警察署 署長に話し,同席していた三島検視官が興味を持った,というのが小説のストーリーだ. 私は国家公務員や国立大学教授を経験したから,最高級の鰻重を何の経理で払ったかの方がつい気になる. 国際会議参加費を立替えたときは,バンケット代等の飲食費を引いた参加費しか大学から支給されなかったからだ.

山内助教授は,頭髪を分析する場合,論文によると,いつも500ミリグラムの頭髪を分析していた. ところが林真須美頭髪鑑定に限って十分の一の50ミリグラムしか分析しなかった. 1/10の頭髪量では,ヒ素が10倍高濃度で頭髪に付着していなければ検出できないから,不可解だった. 沢井教授が小説で「**各部位4〜50本もあれば,分析可能なはずです**」と言っていたことがわかった.

15センチメートルの頭髪1本がだいたい1ミリグラムに相当する.

頭髪に亜ヒ酸が付着したことが鑑定によって明らかになるというストーリーは,小説によれば,ヒ素研究会の中で,九州大学医学部教授が2代にわたって注目した鑑定だったことになる. 第6章以降で明らかになるように,山内助教授の鑑定では亜ヒ酸が頭髪に付着していることは検出できない. 自分の方法で検出できないことを自覚した山内助教授が,中井教授に協力を要請したところ,SPring-8で派手に鑑定した中井教授が山内助教授のお株を奪って有名になってしまった.

聖マリアンナ医科大学 山内博 助教授が,1998年12月18日深夜2時に,高速道路のインターチェンジへ林真須美頭髪を持参し,つくば市PFから兵庫県SPring-8へ車を運転して移動する途中の中井教授に頭髪を渡したことは「無実の証拠となるデータの削除」と題する3.13節で述べた. 事実と小説の混同は慎むべきだが,九州大学医学部教授が2代にわたって注目した鑑定なら,深夜2時にインターチェンジへ山内助教授が頭髪を届けたこともうなずける. ま

たそういう鑑定なら，鑑定人たちは，九大医学部教授の予想した結果が出るまで，何度でもトライするだろう．事実と小説の混同は慎むべきだが．

沢井教授は，鉛板がX線遮蔽材としてシンクロトロン放射光施設で多用されていることを知らなかった．鉛とヒ素は同じ波長の蛍光X線を発するため，区別できないことも知らなかった．沢井教授はシンクロトロン放射光には迷光がつきものだとは知らなかった．沢井教授は，第6章以降で詳述するように，山内助教授が多年にわたってヒ素分析の失敗を隠してきたことも知らなかった．事実と小説の混同は避けるべきだが．

本章はフィクションとしての小説『悲素』に基づいた単なる推測に過ぎないことは断っておきたい．ただし小説の記述を裏付ける裁判資料を引用したから，『悲素』は単なる小説の域を超えていることがわかる．

本章では小説の登場人物は「**内山助教授**」，現実の山内鑑定人は「山内助教授」などと厳格に区別して記載した．小説の人物と実在の人物はもちろん別人だ．

4.6. 頭髪をシャンプーで洗ってもヒ素が落ちない論文

小説『悲素』には，「**手についた砒素で髪の毛を撫でた場合も，髪の毛に付着してなかなか落ちません．そんな実験をした論文がありました．シャンプーで洗っても落ちないようです**」(4.3節)という論文について言及した部分はあるが，それが誰の論文かは示されていない．

ところが，たとえば1995年の「最新のヒ素毒性学」と題する山内論文(聖マリアンナ医科大学雑誌, 23巻819頁)には「**職業性無機ヒ素曝露において毛髪を用いた曝露モニタリングでは，毛髪に外部付着したヒ素は種々の洗浄によっても完全に除去できず，体内性ヒ素との明確な区別は現段階では不可能である．**」(p.823)と書いてある．㋐原子吸光分析だけでは頭髪全体のヒ素濃度しかわからないから，外部付着か体内性ヒ素かを判断できないが，㋑細いシンクロトロンビームによって，ヒ素が頭髪に局在していることがわかれば外部付着だと結論できることになる．この山内論文では，頭髪に付着したヒ素が種々の洗浄によっても完全に除去できない根拠として，図表11(第7章)の脚注に示すYamauchi(1989)論文が引用してあり，この1989年の論文はさらに1980年のIndustrial Health 誌(18巻203頁, DOI: 10.2486/indhealth.18.203)の山内論文を引用していた．しかしこれらの論文は㋑シンクロトロン放射光を使っていないので，本来的に外部付着か内因性かを区別できない．

1980年のIndustrial Health 誌の山内論文は，ガラス製実験器具を使って頭髪を分析し，3価ヒ素(要するに亜ヒ酸)を頭髪から検出したという論文だ．第6章以降で説明するように，ガラス製試験管が消泡剤として含む亜ヒ酸が検液に溶け出たことを，頭髪に付着したヒ素だと誤認した論文だ．したがって「**毛髪に外部付着したヒ素は種々の洗浄によっても完全に除去できず**」は間違いだ．「**種々の洗浄によっても**」「**シャンプーで洗っても**」頭髪からヒ素を検出したのは，ガラス製実験器具から分析中にヒ素が溶け出たからだ．

他にも同様な山内論文が複数存在するから，「**西石教授**」が保管していた論文がいつの時代の誰のどの論文かは不明だが，「**髪の毛について砒素は，洗っても落ちない**」という根拠は，1980年のガラスの消泡剤のヒ素を誤検出した山内論文までさかのぼるから，あてにならない．沢井教授が山内論文の重要性を言及したことによって，カレーヒ素事件鑑定では，頭髪に亜ヒ酸が一旦付着すると落ちない，という間違った実験に基づく鑑定が脚光を浴びたことになる．

こんな根拠で，頭髪に付着したヒ素の鑑定にこだわっていたのだ．山内論文がガラスの亜ヒ酸を誤検出していたことは，「**そこまでおっしゃらないでください．《ガラス製試験管からのヒ素の》コンタミネーションは否定はしませんよ，この1984年ですから．**」(8.3節) と民事裁判で山内教授もようやく認めた (2020.2.14)．小説の中ではあるが「**不意に思い出して，口に**」した軽率な沢井教授の発言が冤罪を生んだことに，沢井教授は気づいていない．

鑑定の翌月の1月5日には，沢井教授の予想どおり，林頭髪に外部付着したヒ素が48ミリの位置に検出された，と和歌山県警を経由して沢井教授に電話で伝えられた．

確定第1審裁判官は，中井教授に対する証人尋問によって48ミリの鑑定に意味がないことを知っていながら，判決に何も書かなかった．

冤罪は，一人の捜査官の不正によるものではなく，軽率な大学教授のアドバイスやそれを「**何とかしてくれる**」鑑定人や裁判官の不正などが複雑に絡み合った結果だったのだ．これは作家帚木蓬生も意図しなかった小説『悲素』の読み方だ．

4.7.『悲素』における内山助教授の分析手法

小説『悲素』の第1章には，ヒ素の検出は容易ではないが「**最も普及しているのは，還元気化−超低温捕集−原子吸光法である．**」として内山助教授のヒ

素の鑑定方法が簡潔に要約されている.

> 「まず,生体試料をアルカリで加熱して,無機砒素,メチル化砒素,ジメチル化砒素,トリメチル化砒素を生成させる.これに還元剤を添加し,砒素のガス体に変換させる.無機砒素は,アルシン,メチル化砒素はメチルアルシン,ジメチル化砒素はジメチルアルシン,トリメチル化砒素はトリメチルアルシンに,それぞれ変わる.
>
> このアルシン類を,液体窒素を使って,超低温下でカラム内に導いて捕集し,濃縮精製する.そのあと室温に戻す.4種のアルシンの沸点が異なるのを利用して,沸点ごとの分離が可能になる.
>
> 分離されたアルシン類を,それぞれ1000度に加熱した石英セルに導くと,原子化される.それを原子吸光法で測定すれば,定量値が出る.
>
> <u>この一連の操作が簡単ではない.分析の自動化が困難で,手技の熟練も要する.液体窒素も必要なので,一般の分析機関での測定はできない.</u>
> <u>県警本部に設置されている科学捜査研究所レベルでは絶対に不可能である.警察庁科学警察研究所でも,はたして設備をもっているかどうかは疑わしい.</u>」(p.29)

林真須美頭髪に亜ヒ酸の付着を検出したという検甲63には3価無機ヒ素の定量値が報告されている.しかし,帚木蓬生の小説で沢井教授が説明するこの分析手順では,3価無機ヒ素は定量できない.沢井教授が小説で説明した分析手順は,山内助教授が1984年の「パーマコロジー」の論文(「パーマコロジー」については第6章で説明する)から始めた分析手順だが,山内教授に対する証人尋問で西田弁護士が明らかにするとおり,重大な矛盾がある(第6章).

林真須美頭髪ヒ素鑑定手順(検甲63)は,本節で引用した小説『悲素』の手順とは異なる.検甲63の分析手順は,1984年の「パーマコロジー」の論文より前に山内助教授が行なっていた古くて間違った分析手順だ.どこが間違っていたかは,第9章の陸水論文(1984)やShraim論文(2001)で明らかになる.

4.8.『悲素』における内山助教授の評価

小説『悲素』には内山助教授が「砒素の生体内代謝については,間違いなく第一人者」「還元気化−超低温捕集−原子吸光法という砒素分析法を考案した

のも，内山助教授」(p.30)とも書いてある．

　　4日後の8月7日，牧田助教授が全国紙を手にして報告に来た．
「昨日，M医大の内山先生が，患者の尿から砒素を検出したらしいです」
　　記事に旧知の研究者の名前が出ていた．
「捜査本部はやっぱり内山先生に行き着きましたか」
　　内山助教授は日本ヒ素研究会の一員で，砒素の生体内代謝については，
間違いなく第一人者だった．そもそも，還元気化－超低温捕集－原子吸光
法という砒素分析法を考案したのも，内山助教授だった．英文の一流学術
誌に，日本人の健常者の尿中砒素濃度の平均値と上下限値を発表したのが
5，6年前だ．(p.30)

　九州大学井上尚英教授は，現実の確定第1審75回公判で「それに非常に重
要なことは，同時に非常に精密な尿の検査が行なわれたということで，聖マリ
アンナ大学の山内先生という方は，これはヒ素の分析では日本で第一人者です
し，世界的にも有名な方ですけど，その方のデータと突き合わせて，そして全
体的な病像を把握できたという点で，非常に私たち大いに勉強になったと思い
ます．」(p.29)と証言した．山内助教授の分析結果は，九州大学医学部教授さ
え，非常に大いに勉強になったほど，山内助教授は世界的なヒ素学者だという
のだ．これはリップサービスだ．
　「英文の一流学術誌に，日本人の健常者の尿中砒素濃度の平均値と上下限値
を発表したのが5，6年前だ．」という内山論文が何を指すか不明だが，図表
11の脚注のYamauchi(1989)論文のことなら，この論文の尿の無機ヒ素濃度
は1桁濃すぎる，と米国科学アカデミーは1999年にコメントしている(11.2
節)．
　山内助教授と内山助教授とはもちろん別人だ．
　小説では「還元気化－超低温捕集－原子吸光法という砒素分析法を考案した
のも，内山助教授」だったが，現実の山内助教授は「水素化物生成原子吸光」
と呼ばれて使われていたヒ素分析方法を誤用したにすぎない．
　現実世界の浅見決定(2017)には，以下のような判示がある．例によってア
ンダーライン部だけ読めば十分だろう．

　　「h　河合毛髪論文等⑧について

山内は，河合毛髪論文等⑧で指摘されているとおり，山内意見書におい て，請求人の頭髪から検出された３価無機砒素の濃度が「0.09ppm」であ るのに，その単位を取り違えて「0.09ppb」と誤って記載している.

しかしながら，山内は，砒素中毒の研究を長年行い，日本砒素研究会の 副会長であった九州大学医学部衛生学講座教授井上尚英（肩書きは当時の もの）から，砒素の分析では日本における第一人者であり，世界的にも有 名であるなどと評価されている（第１審75回公判井上尚英証言29頁）．よっ て，頭髪中砒素濃度の分析に関し，山内には十分な学識経験があるといえ るから，山内意見書における前記誤記は，毛髪鑑定の信用性全体を左右す るほどのものではないといえる.」(pp.130–131)

　山内助教授は44回公判(2000.10.26)で亜ヒ酸飽和水溶液の濃度に関する藤 田弁護士の反対尋問に対して「0.1% というのは1000ppm ですよね，違いま したっけ，一万ppm でしたっけ.」(p.122)と証言した．0.1% が1000ppm で あることは常識だ．1000ppm の市販標準液を希釈して濃度基準に用いるから だ．山内助教授は，ppm と ppb を意見書で間違えたり，ppm と％の関係を知 らない．ppb と ppm の間違いは，コンピュータの専門家が32ギガバイトと 32メガバイトを間違えるほど不自然なことだ.

　再審請求弁護団が山内鑑定の問題点をいくら指摘しても，浅見決定(2017) がそれに聞く耳を持たなかった理由は，「九州大学医学部衛生学講座教授井上 尚英」が聖マリアンナ医科大学山内博助教授を「砒素の分析では日本における 第一人者であり，世界的にも有名であるなどと評価されている（第１審75回公 判井上尚英証言29頁）.」と証言したからだと小説を読んで気づいた．浅見決定 (2017)は，再審を開始しない全責任を井上尚英教授に押し付けたのだ．第５ 章で述べるとおり，浅見決定(2017)が再審請求を棄却した主な理由は，48ミ リの鑑定が正しいと判示したからだ．私は井上尚英教授が本書第６章以降を読 んだ後に，リップサービスの証言をどう思うか聞いてみたいと思う．井上証言 を理由にして，小川判決(2002)から田口判決(2022)の直前までの20年間，弁 護団が何を指摘しても，山内鑑定は正しいとされてきた．帚木蓬生『悲素』は 小説という形式によって責任を回避した筋書きになっているが，冤罪の責任の 所在を明瞭な形で示した小説だ.

　山内教授は意見書(2018.6.1検６)で「私が，山村行夫氏と共著の論文《ガラ ス製試験管を用いた1980年の山内論文新弁39》を作成したのは，1980年で

あり，そのころは，ガラス製の試験管しかなかった.」(p.9) と反論した．しかし山本勇麓，熊丸尚宏，林康久(以上，広島大学理学部化学教室)，鎌田俊彦(広島大学医学部衛生学教室)著「亜鉛末錠剤・ヨウ化カリウム・塩化第一スズ混合還元剤を用い，ヒ化水素-アルゴン・水素フレーム系による水中のppb レベルのヒ素の原子吸光分析法」と題する論文(分析化学誌22巻876–881頁1973年，DOI: 10.2116/bunsekikagaku.22.876)には「**また，これらの試薬溶液の容器はすべてポリエチレン製のものを使用した.**」と書いてある(投稿は1972.12.25)．すなわち遅くとも1972年末にはヒ素分析にガラス製器具を用いてはならないことは，その理由を論文に書く必要がないほど周知された事実だった．1980年には「**ガラス製の試験管しかなかった**」と主張する山内意見書検6 (2018.6.1)は，浅見決定(2017)の後でも依然として「**砒素の分析では日本における第一人者**」のふりをした反論だったことになる．山内教授は分析化学のイロハさえ知らない．

第5章
林真須美頭髪48ミリに局在する ヒ素検出に対する不正な判決と その連鎖

5.1. 林真須美頭髪からの亜ヒ酸検出は小川判決（2002）でどう扱われたか？

いよいよ本章が，本書の主題「裁判官の不正」だ．小川判決(2002)を引用して同判決の不正を指摘する．

確定第1審の小川判決(2002)は全14章982頁からなり，その第4章は「**被告人や関係者の亜砒酸等との関係**」と題する章だ．判決第4章主要部の目次を**図表9**に示した．最高裁那須判決(2009)が読み間違えて「**②被告人の頭髪からも高濃度の砒素が検出されており，その付着状況から被告人が亜砒酸等を取り扱っていたと推認できること**」を死刑判決3理由のうちの理由②としたその元となる章だ．

第4章第1の2に「**(3)被告人の毛髪鑑定**」と題する節があってその中に中井鑑定を要約した「**ウ　中井教授の分析結果**」(pp.396–398)がある．「**ウ　中井教授の分析結果**」はさらに㋐～㋔の5項目からなる．この5項目についてはすでに4.3節で簡単に説明済みだ．本節では㋐～㋔の全文を示す．㋐㋑㋒が林真須美頭髪鑑定，㋓㋔は中井教授自身の頭髪鑑定だ．㋑は「無実の証拠となるデータの削除」と題する3.13節ですでに扱った．林頭髪㋐㋒と中井頭髪㋓㋔それぞれを測定した条件を比較すると小川判決(2002)の芸術的とさえ言える見事な不正が浮かび上がる．

　「**ウ　中井教授の分析結果**
　㋐　中井教授は，山内助教授から科捜研の山本主任研究員を介して受け

第5章　林真須美頭髪48ミリに局在するヒ素検出に対する不正な判決とその連鎖　**77**

図表9.　小川判決（2002）の第4章第1の目次（小川判決書の目次に一部補足）

第4章　被告人や関係者の亜砒酸等との関係　……………………………　379
　第1　被告人周辺からの亜砒酸の検出　…………………………………　380
　　1　被告人方敷地内からの亜砒酸の検出　……………………………　380
　　2　被告人の毛髪からの亜砒酸の検出　………………………………　391
　　　⑴　被告人からの毛髪採取までの経緯　……………………………　391
　　　⑵　被告人の毛髪の鑑定嘱託と毛髪の送付　……………………　394
　　　⑶　被告人の毛髪鑑定……………………………………………………　395
　　　　ア　砒素と毛髪との関係……………………………………………　395
　　　　イ　山内助教授の分析結果…………………………………………　396
　　　　ウ　中井教授の分析結果………………………………………………　396
　　　　　㋐《1998年12月，PF，林頭髪》
　　　　　㋑《1998年12月，SPring-8，林頭髪のヒ素検出に失敗》
　　　　　㋒《1999年5月，PF，林頭髪》
　　　　　㋓《1999年5月，PF，中井頭髪》
　　　　　㋔《1999年10月，PF，中井頭髪》
　　　　エ　検討　……………………………………………………………………　398
　　　　　a　分析結果に対する弁護人の主張とその当否
　　　　　　⒜《弁護人の主張》
　　　　　　⒝《その当否》
　　　　　b　総合判断
　　3　小括　…………………………………………………………………………　400
　　　⑴　被告人方での各種工事と砒素使用の有無………………………　400
　　　⑵　被告人周辺の砒素　…………………………………………………　401
　第2〜第4　省略

《2重ブラケット》は河合の補足を示す.

取った被告人の毛髪のうち，右側前頭部の毛髪1本について，《1998年》12月16日，PF《フォトンファクトリー》でビームを4mmずつずらしながら放射光を照射し，砒素の付着を分析した.

　その結果は，グラフ5「被告人の右側前頭部毛髪の砒素強度」①《本書図表3》のとおりであり，切断面から48mmないし52mmの地点にのみ砒素の強いピークを計測した. そのデータは山内助教授に提供された.

　㋑　中井教授は，12月16日のPFでの分析で，右側前頭部の毛髪に砒素が付着していることが判明したことから，その砒素の異同識別をする目的で，山内助教授から再度被告人の毛髪を受け取り，12月18日，SPring-8で被告人の毛髪の放射光分析を行ったが，砒素を検出することはできなかった. この点について，中井教授は，毛髪に付着している砒素がppmレベルの極めて微量であり，砒素の励起効率が悪い115kev《keV》という

X線エネルギーで分析したことや，他の資料の分析もあってこの毛髪分析に長時間かけられなかったことが原因であると分析した．

㈡　中井教授は，平成11《1999》年4月19日，和歌山地方検察庁から，被告人の右側前頭部の毛髪の砒素付着の有無，毛髪に付着した砒素が長期間残存する可能性等を鑑定事項とする鑑定を嘱託された．

中井教授は，この嘱託を受け，同年5月17日，PFにおいて，被告人の右側前頭部の毛髪の切断面から45mmから59mmの間をビームを1mmずつずらしながら，砒素の付着を分析した．

その結果は，グラフ5②《本書図表8》のとおりであり，切断面から51mmから52mmの地点に強い砒素の信号が計測された．

㈢　また，中井教授は，砒素が外部付着した場合に，どの程度の期間毛髪に残存するかを確かめるため，同年4月20日，自らの右側頭部の毛髪数十本について，毛根から約5mmの部分にミルク缶等の亜砒酸若干量を指で付着させ，その後毎日シャンプーして頭髪を洗った上，その毛髪のうち1本を同年5月13日に毛根から5mm付近を切断して採取し，被告人の毛髪と同様にPFで放射光分析を行った．その結果，切断面から5mm付近を最大として切断面から約15mm付近まで砒素が付着していた．この放射光分析の際は，砒素の直近にある鉛の影響を排除するため，12.2keV及び12.9keVのエネルギーのX線が使われた（以下，この鑑定を「甲1232鑑定」という．）．

㈣　中井教授は，砒素の毛髪残存期間を確かめるため，上記㈢で砒素を付着させた自分の毛髪について，その後もほぼ毎日シャンプーでの洗髪を続けた上で，付着から5か月を経過した同年9月21日，そのうちの毛髪1本を毛根から約5mm付近で切断して採取し，同年10月13日，PFにおいて，1mmずつビームをずらしながら，12.95keVのエネルギーのX線で放射光分析をした．

その結果，切断面から58.5mmから60.5mmの付近に砒素が高濃度で残存していることが判明した．（以下，この鑑定を「甲1294鑑定」という．）」

　林頭髪㈠㈡と中井頭髪㈢㈣の測定条件を比較すると，中井教授が「選択励起」を使用したのは中井教授自身の頭髪を測定した㈢㈣に限られていることに気づく．選択励起とは，「48ミリは選択励起ではなかった」（3.5節）と題する節で説明した「12.2～12.9keVという1次X線（入射X線）を頭髪などの試料に照射

して，10.5keV の 2 次 X 線(蛍光 X 線)信号を検出すれば，鉛を除外してヒ素だけを選択的に検出できる」という実験テクニックだ．㋙**12.95keV** は選択励起のしきい値の 13.0keV と 0.05keV しか離れておらず，中井鑑定のエネルギー誤差は大きいうえに，X 線スペクトルが開示されていないから，選択励起かどうか，実は怪しいことは「選択励起」(3.10節)と題する節で指摘した．

　中井教授自身の頭髪を測定した㋔㋙に比べると，本書で㋑「48 ミリ」と呼ぶ林頭髪の㋐「**切断面から 48mm ないし 52mm の地点にのみ砒素の強いピークを計測した**」鑑定と，本書で「51,52 ミリ」と呼ぶ㋒「**切断面から 51mm から 52mm の地点に強い砒素の信号が計測された**」鑑定では，小川判決は選択励起とは書いてない．

　ここが重要だ．

　㋐に関しては第 3 章で述べたように「**砒素の場所に元素のピークが鉛のピークと重なるんですね，砒素の Kα 線と鉛の L 線がですね．**」という中井証言や「**被告中井は，確定第 1 審においては，20 ないし 21keV で測定した旨の証言《を》していた**」(3.4節)と田口判決(2022)が述べるとおり，選択励起ではなかった．ところが，㋒についても，小川判決(2002)は選択励起とは書かなかった．もしも「㋐48 ミリは選択励起ではなかったが，㋒51,52 ミリは選択励起だった」などと書けば，㋐が意味のない鑑定だったことが誰の目にも明らかになってしまう．小川判決(2002)は㋒検甲 1232 の表現を㋐検甲 63 に無理に合わせたのだ．

＊　　　　＊　　　　＊

　次節に進む前に，「**ウ　中井教授の分析結果**」に書かれた小川判決の見事な点をもう一つ指摘しておきたい．林頭髪の㋐は「**切断面から 48mm ないし 52mm の地点**」だが，㋒は「**切断面から 51mm から 52mm の地点**」だ．それぞれ「48〜52」と「51〜52」の区間を指す．㋐と㋒は文章は似ているが，「**ないし**」と「**から**」が異なる．

　中井教授は 4 ミリメートル幅の X 線ビームを用いてビームの端を頭髪の 48 ミリの位置に合わせて 48〜52mm の範囲を測定した．それが図表 3 だった．同様に 1 ミリメートル幅の X 線ビームを用いて 51,52 ミリの位置で測定したのが図表 8 だ．したがって小川判決の言う「**切断面から 51mm から 52mm の地点**」は，本来は「51〜52」と「52〜53」を意味する．すなわち「51〜53」だ．本書ではそれを承知で「51,52 ミリ」と呼んできた．一方中井教授は「**ヒ素が切断面から 50〜53mm のところに局在していた**」と検甲 1232 鑑定書に記載

した．中井教授はやや広めに言う癖がある．ところが小川判決(2002)は「51〜52」と両端から１ミリずつ短くした数値を判決に記載した．次節で述べるように，ここに芸術的なゴマカシがある．

小川判決(2002)は一貫性がないのではなく，「乃至」と「から」の使い分けが見事なのだ．再度引用すれば，小川判決(ｱ)は「**48mm ないし 52mm の地点**」，同(ｳ)は「**51mm から 52mm まで**の地点」とは書かず「まで」を省いた．終点をボカした．法令用語では「乃至」＝「から……まで」とされている（詳細はインターネットで調べてほしい）．一方で，中井鑑定書は「**50〜53mm のところ**」(検甲1232)，浅見決定(2017p.142)は「**52mm ないし 53mm の地点で最大**」（図表8を見ればこの表現が正しいことは明らか），樋口決定(2020p.50)は「**50mm から 53mm のところに砒素が局在**」と「**50〜51mm 部分と 51〜52mm 部分の２か所から，異なる強度の砒素が検出されており**」との２つを並立させた．

このように中井鑑定書，小川判決，浅見決定，樋口決定の４者を比較すれば，小川判決が最大強度区間(52〜53mm)を除外したのは，⑦48〜52mm と区別できなくする意図があったと言わざるを得ない．極めて巧妙な不正行為だ．

5.2. 小川判決（2002）の総合判断

中井教授の「51,52ミリ」の鑑定書(検甲1232)は不審な点だらけだ．不審だと認識したうえでその不正な中井鑑定書を悪用したのが小川判決(2002)だ．中井教授による頭髪鑑定を，小川判決(2002)がどのように悪用したかを，以下では小川判決(2002)の「**b　総合判断**」（図表9参照）を引用しながら解き明かしてゆく．

「b　総合判断
　以上の分析結果及び検討を踏まえて考察するに，<u>通常は毛髪から検出されない無機の３価砒素が被告人の右側前頭部の毛髪から検出されていること，無機砒素について前頭部の毛髪の砒素量が後頭部に比べ３，４倍多かったこと，右側前頭部の砒素の付着が局所的であることから，被告人の右側前頭部の毛髪には，12月9日の時点において，外部付着に由来する砒素が付着していたと認められる．</u>
　その外部付着の砒素がいつごろ付着したのかについては，被告人の毛髪を頭皮から何cmの地点で切断したかが問題になるところ，上記a(b)《a

(a)は弁護人の主張，a(b)は弁護人の主張の当否の判示》のとおり，頭皮から 1 cm ないし 2 cm の付近で切断したと考えるのが相当である．そうすると，甲1232鑑定で砒素が局所的に付着していると認められた地点は，頭皮から61mm ないし72mm 付近《51〜52ミリに 1 ないし 2 cm を足した長さ》と認められる．

したがって，人間の毛髪が 1 か月に10mm ないし13mm 程度伸びることを前提にすると，被告人の右側前頭部に付着していた砒素は，12月 9 日の4.7か月前ないし7.2か月前から12月 9 日（逮捕後は砒素付着の機会がないと考えれば10月 4 日）までの間となるから，その時期について広く考えても， 5 月から10月 4 日までの間に毛髪に付着したこととなる．《この文章では「乃至」と「からまで」とを極めて厳格に用いている》

なお，甲1294鑑定の結果からも，そのような時期に付着した砒素が12月 9 日の時点で残存していても何ら不自然ではない．（甲63，甲1232，甲1294，山内博証言第 1 回，中井泉証言，野上靖生証言第 1 回）」pp.399–400

この「総合判断」で山内鑑定書(検甲63)に関する部分は，ⓡ「通常は毛髪から検出されない無機の 3 価砒素が被告人の右側前頭部の毛髪から検出されていること，無機砒素について前頭部の毛髪の砒素量が後頭部に比べ 3 ，4 倍多かったこと」「から，被告人の右側前頭部の毛髪には，12月 9 日の時点において，外部付着に由来する砒素が付着していたと認められる．」という部分だけだ．

「右側前頭部の砒素の付着が局所的であること」の根拠をⓐ「48ミリ」とも「51,52ミリ」とも書いてない．小川判決(2002)では48ミリにピークを示す図表 3 が，中井教授から山内助教授に「提供」されたという趣旨で言及するのみだ．前節(ア)の「切断面から48mm ないし52mm の地点にのみ砒素の強いピークを計測した．そのデータは山内助教授に提供された．」という部分だ．

だから「48ミリ」を小川判決(2002)が証拠採用していないことに気づくためには，「61mm ないし72mm 付近」「 1 cm ないし 2 cm」「51mm から52mm の地点」などの数値を証拠文書に戻って確かめながら辛抱強く読む以外にない．しかも約千ページにわたって読む必要がある．斜め読み・飛ばし読み・速読では判決の不正に気づけない．

読まれたくない判決を書くとき，裁判官は故意にこういう文章を書いているように感ずる．そういう判決文こそ，公判調書等に当たりながら，難解な日本語文章を確実に読む必要がある．何百ページもある証拠書類のページを明記し

ない小川判決も一種の不正だ.

　自分の専門の科学論文を読むとき，私は斜め読みせず，引用文献のほとんどを探し出して，必要があれば引用文献の引用文献までさかのぼって，それらを参照しつつじっくり読んできた．東大の研究室では上の学年の大学院生たちが，「孫引きで済ませるな」とよく指導教授に叱られているのを見た．いつの間にかオリジナルの文献に当たる癖がついた．数式処理プログラム(Maple VやMathematica)が簡単に使えるようになると，京大の私の研究室の学生は論文の式変形を数式処理プログラムで追いながら読むようになった．私の専門の一つ，分子軌道理論の論文は5ページに満たない論文を読み終えるのに1か月以上かかることも珍しくない．ほとんどの科学論文は査読を経ているから少なくとも複数の査読者は理解した論文だ．刑事裁判の判決や決定は，カレーヒ素事件に限っても，故意に理解させないように書いているとしか思えないものが多い．判決文には査読制度もない．判決文は死刑囚に読ませる必要はないと裁判所は思っているのだろう.

　頭髪の位置を示す細かな数値が小川判決(2002)にはいろいろと出てくるが，読む気を失せさせたり，斜め読みさせたりして，判決に埋め込んだゴマカシに気づきにくくさせる効果をねらったとしか私には思えない.

＊　　　　　＊　　　　　＊

　山内鑑定書(検甲63)の①48ミリは確定第1審の判決書にさかのぼると，証拠として扱われていないことがわかった．序章に書いたように，中井・山内両鑑定人に対する損害賠償請求を棄却した田口判決(2022)は，その棄却理由として，①48ミリの鑑定が，そもそも確定第1審小川判決(2002)では，証拠価値がないことがわかっており，死刑判決の証拠にも理由にもなっていなかったという趣旨だ.

　田口判決(2022)は刑事裁判確定第1審小川判決の不正を明らかにした．①48ミリのピークには証拠価値がなかったことを，小川判決(2002)は認識していたにもかかわらず，証拠価値がないという判示さえ書かなかった.

5.3. 確定第1審 小川判決(2002)の巧みなごまかし方

　「小川判決(2002)の総合判断」と題する前節では，「61mmないし72mm付近」「1cmないし2cm」「51mmから52mmの地点」などの頭髪の位置を示す数値がでてきた．そう書いてあるからそうなのだろう，と普通は思う．本章で引

用する小川判決(2002)の文章は，ガマンして読んでも，簡単には理解できない文章だとまず断っておく．

＊　　　　＊　　　　＊

前節で小川判決(2002)から引用した「b　総合判断」の直前の「a　分析結果に対する弁護人の主張とその当否」と題する節(pp.398-399)には次の文章がある．

> 「④については，志波医師は<u>1cmを目安に目分量で採取しており</u>，その地点は特に測定や確認はされていないから，厳密に頭皮から1cmと認めることができず，<u>頭皮から1cmないし2cmの付近で切断したと考えるのが相当である</u>．」(p.399)

ここで「④については」とは「④頭皮から1cmの部分で毛髪が採取されたことは確認されていない．」(p.398)という弁護人のクレームだと理解するのは容易ではない．

「ヒ素が切断面から<u>50〜53mmのところに局在していた</u>」という中井鑑定書の位置を，小川判決(2002)は(ウ)「<u>切断面から51mmから52mmの地点に強い砒素の信号が計測された</u>」と理由を述べずに両端から1ミリずつ短くした．正しくは「51mm〜53mm」だ．繰り返すが，それを承知で「51,52ミリ」と本書では呼んできた．小川判決は「<u>頭皮から1cmの部分で毛髪が採取されたことは確認されていない</u>」という弁護人のクレームをうまく利用して「<u>1cmないし2cmの付近で切断したと考えるのが相当である</u>」と判示し，「<u>51mmから52mm</u>」という精緻な数値に概数「1cmないし2cm」を足して「<u>61mmないし72mm付近</u>」という曖昧な「付近」へと変遷させた．「から」が「乃至」に変わった．有効数字に慣れた理系の人なら，こういう足し算は「6ないし7センチ」と記載するのが正しいと思うはずだ．小川判決は弁護人のクレームを悪用して重要な事実をウヤムヤにするのがうまい．

ここまで数値が変遷すると，小川判決が認定するヒ素の付着位置は検甲63の「<u>切断面から48mmないし52mmの地点</u>」と検甲1232の「<u>ヒ素が切断面から50〜53mmのところに局在していた</u>」の共通部分だと誤解する人も出る．そもそも①48ミリは「<u>砒素の場所に元素のピークが鉛のピークと重なるんですね，砒素のKα線と鉛のL線がですね．</u>」という中井証言があるから，田口判決(2022)の趣旨のとおり証拠価値はない．

84

　　　　　　＊　　　　　＊　　　　　＊

　隠したいことがあるとき，裁判官は常習的にこういう手法を使うのだろう．

　中井教授は，1998年12月に行なった48ミリの検甲63鑑定とほぼ同じ趣旨の鑑定を，1999年5月17日にもう一度行なった(検甲1232)．同じ鑑定を繰り返すのは不自然だ．図表5cのスペクトルが民事裁判で明らかになって，鑑定を繰り返した理由がはっきりした．検甲63は選択励起ではないから，鑑定をやり直さざるを得なかったのだ．

　私は最初，図表3を見て，48ミリ1点しかヒ素の信号が現れていないから，さすがの中井教授も，1点だけを死刑の根拠にするのは気が引けたのだろうと思った．誰が見ても1点では無理だ．ところが検甲63は鉛とヒ素とを区別できない，価値のない鑑定だったから，もう一度やり直さざるを得なかったことが，民事裁判の図表5cのスペクトルを見て理解した．それを知って小川判決を読み直すと，本章でこれまで述べたように，見事と言うべきゴマカシの数々が小川判決に埋め込まれていることに気づいた．

　ずいぶん細かな長さが何種類も出て来て，読者は読む気が失せたはずだ．小川判決(2002)もまさしく，読む気力を萎えさせる効果を狙ったはずだ．だから細部までチェックすることが重要だ．

　小川判決(2002)は，これだけ細かく長さを述べたにもかかわらず，検甲63の48ミリに証拠価値がないという極めて重要な事実を判決で一言も述べなかった．重大な不正だ．自由心証主義とは異質の詐欺行為だ．小川判決(2002)は，裁判官が行なってはならない不正行為だ．裁判官がこんなことを日常的に行なっていることを知ったら，裁判官や判決文や裁判所を信頼する人はいなくなる．

5.4. 48ミリに証拠価値がないことを述べなかった理由

　48ミリに証拠価値がないことを，小川判決(2002)はなぜ述べなかったのか？

　繰返しになるが，もしも「検甲63の48ミリは選択励起ではなかったが，検甲1232の51,52ミリは選択励起だった」などと書けば，検甲63は実質的に，中井教授と山内助教授の共同鑑定だったから，2人のどちらかを鑑定人とする全ての鑑定書に疑いが生じたはずだ．林真須美の有罪を立証する主要な鑑定が全滅する．この2人以外の鑑定書は，亜ヒ酸は「類似」(谷口早川鑑定)とか，林台所のプラスチック容器付着亜ヒ酸を異同識別鑑定から除外(科警研検

第5章　林真須美頭髪48ミリに局在するヒ素検出に対する不正な判決とその連鎖　**85**

甲1168鑑定)するなど，慎重に言葉を選んだり，無理な鑑定を避けたりしていた．だからもし中井鑑定と山内鑑定が全滅すれば，林真須美を有罪とする決め手は無くなる．例えば嫌疑亜ヒ酸を「**同一物**」と結論した鑑定は中井鑑定だけだ．最高裁が「**組成上の特徴を同じくする亜砒酸**」(2.4節) と判示した時から，最高裁はすでに逃げの体勢だったのだ．確定第1審の裁判官は，検察側鑑定書を正しく扱えば，林真須美を有罪にできないことをよく認識していた．

　中世の魔女裁判や独裁国家の秘密裁判に相当する行為を，小川判決は，民主主義国家で堂々と実行した．「最高裁への特別抗告取下書とみなされた便箋」(1.7節) と題する節で述べたように，小川判決の不正を知った渡邉惠理子裁判長を含む5人の最高裁判所裁判官は「**裁判官全員一致**」で林真須美から逃走した．

5.5. 民事裁判田口判決 (2022)

　第3章の「被告山内が自ら測定を行ったものではない」(3.4節) と題する節で引用した田口判決 (2022) の「**第3回23ないし35，46ないし53，59ないし62頁**」，「**甲37《第43回公判》・37ないし39頁**」(田口2022p.33) 等の書証に当たって一つ一つ丁寧に辿ってゆくと，中井教授は確定第1審で48ミリが鉛と区別できない旨の証言をしていたことがわかる．小川判決にはページの記載はないが，田口判決にはページが明示されている．

　田口判決 (2022) は，最高裁 (2009) で林真須美の死刑が確定したのは，不正な小川判決 (2002) のせいだったことをあぶりだした．私は田口判決 (2022) の「**23ないし35，46ないし53，59ないし62頁**」「**37ないし39頁**」などを一つ一つ辿るうちに，判決文だけを読んでもわからなかった田口判決の意味を知って驚愕した．刑事裁判の裁判官が不正によって冤罪をつくったことがわかったからだ．

5.6. 司法研修所編『科学的証拠とこれを用いた裁判の在り方』

　裁判官職権鑑定を命ぜられた広島大学早川慎二郎助教授 (鑑定当時) によると，鑑定人は小川判決の説明会に呼ばれて，説明を受けた後に，どうです，判決は良く書けているでしょう，などと遠藤邦彦裁判官に感想を聞かれたという (『鑑定不正』p.151)．約千ページの小川判決 (2002) は遠藤裁判官の自信作だ．

私が中井鑑定の問題を指摘しはじめると，早川教授は自分の証言のあいだ裁判官が居眠りしていたことなど，自身の体験を話してくれた．早川教授のおじは当時の前首相の逮捕状を出した裁判官だったと2023年3月にも電話で教えてくれた．この電話直後の東京出張中に，早川教授は都内のホテルで倒れ，意識が戻ることなく亡くなった．東大の同じ研究室の後輩だ．残念だ．この東京出張で飲もうという誘いの電話が早川教授との最後の会話になった．私は定年退職のために研究室の片づけで忙しく出張できなかった．

遠藤裁判官は司法研修所編『科学的証拠とこれを用いた裁判の在り方』（法曹会，2013）を執筆した．遠藤裁判官はカレーヒ素事件裁判を科学鑑定の成功事例として『在り方』を執筆した．『在り方』には小川判決(2002)の亜ヒ酸異同識別鑑定と似た文章が目につく．一方，頭髪亜ヒ酸鑑定に関する文章は『在り方』には無い．書けなかった理由は明らかだ．『在り方』は証拠価値のない48ミリの鑑定書があることを判決に書かなかった裁判官が執筆した書籍だからだ．季刊刑事弁護No.76(2013)には『在り方』に対する5編の批判論文も出ている．

死刑に反対する仏教系の研究会の帰り道で，その研究会に出席した老齢の元裁判官から話しかけられたことがある．その元裁判官は，重そうな黒鞄に入った約千ページの小川判決書の製本を見せてくれた．ちょうど大学の博士論文のような体裁だった．私がいつも参照する読みづらいコピーではなく，くっきりと読み易い文字で印刷されていた．小川判決(2002)は，裁判官が自ら冤罪を作ったことを示す証拠文書だ．本章で指摘した点を表1に示すデータベースで確かめることもできる．2002年からちょうど20年後の民事裁判田口判決(2022)の直前まで，多くの裁判官をだまし続けた．

5.7. 確定第2審白井判決（2005）の3人の裁判官のだまされ方

④48ミリが証拠価値のない鑑定だったことに触れない小川判決(2002)は，第3章で簡単に触れたように，確定第2審白井判決(2005)の3人の裁判官を欺いたほど良く書けた判決だった．大阪高裁白井判決(2005)が48ミリを有罪の証拠として認定したことは，すでに序章と第3章とで簡単に触れた．本節では，白井判決(2005)から以下のとおり関連部分全体を引用する．

「(3)山内助教授による被告人の毛髪鑑定（甲63鑑定）及びカレー毒物混

入事件の生存被害者の尿鑑定（原審甲1118及び甲1137）について

　ア　所論は，上記各鑑定に係る山内助教授作成の鑑定報告書や検査結果報告書は，砒素濃度等の測定結果の数値のみが記載されており，その正確性の裏付けとなる元のデータ等が添付されていないので，鑑定の経過や結果が記載されているとはいえない，と主張する．

　しかし，<u>所論がるる指摘する諸点は，いずれも上記鑑定書の信用性にかかわりこそすれ，その証拠能力に影響を及ぼすような事情とはいえない．</u>そして，上記各鑑定報告書や検査結果報告書には，被告人の毛髪や生存被害者の尿について，超低温捕集－還元気化－原子吸光光度計による測定や<u>放射光による分析を行った経過やそれに基づく判断が記載されており，鑑定の経過及び結果が記載された書面として，刑訴法321条4項の準用を認めるに十分というべきである．</u>」(p.21)

　私は法律の素人だが「**刑訴法321条**」をあえて説明すれば，裁判所で証言したことを重視すべきだという趣旨であり，第4項はその例外で，書面でも可とする条文だ．しかし白井判決(2005)は検甲63の「**放射光による分析**」すなわち48ミリの伝聞による鑑定書を「**刑訴法321条4項の準用を認めるに十分というべきである．**」とまで判示している．検甲63の「**放射光による分析**」を実際に行なった中井教授は，確定第1審43回公判(2000.10.4)で「**砒素の場所に元素のピークが鉛のピークと重なるんですね，砒素のKα線と鉛のL線ですね．**」(p.38)という極めて重要な証言をしていた．この中井証言を無視して，「**自ら測定を行ったものではない**」山内助教授が伝聞により書いた検甲63に「**刑訴法321条4項《書面でも可とする条文》の準用**」をしたのが白井判決(2005)だ．私のような法律の素人でもダメ出しができるほど白井判決(2005)はひどい．しかも白井判決は裁判官3人の合議による判決だ．法律のプロの裁判官3人が合議の上で書いた判決が，理系の私のような法律の素人に，法律の条文のアプリケーション(適用)が間違っていると指摘されていて，日本の裁判は大丈夫か？　「**準用**」というゴマカシ方だけはさすがプロの裁判官だ(インターネットで「適用と準用」を検索してみてほしい)．

5.8. 再審請求を棄却した浅見決定（2017）の「48ミリ」頭髪鑑定に対する判示

第1次再審請求を棄却した和歌山地裁浅見決定(2017)（原文は図表1の文献から見つかる）には以下の文章がある．引用が長いのは一文が長いからだから，アンダーラインの部分だけを読めば十分だ．

> 「h　河合毛髪等論文⑰について
>
> 河合毛髪等論文⑰について検討するに，関係証拠（第1審甲63, 同甲1232, 同甲1294, 同甲1380, 第1審43回公判中井証言39ないし49及び190ないし196頁等）によれば，第1審43回公判において，中井は，午前中に弁護人から，請求人の頭髪を放射光分析した際に測定された信号の強度について質問され，その強度に関するデータが存在しておりそれを提示できる旨証言し，その後検察官から質問された際に，請求人の頭髪を放射光分析した際の信号の強度が記載された資料を示しながら，砒素の蛍光X線強度について証言したこと，平成12《2000》年10月12日に検察官から中井の前記証言において示された資料と同内容の資料が添付された捜査報告書（第1審甲1380）が証拠請求されて，同月16日に弁護人がこれに同意して，第1審第44回公判において書証として採用され，第1審第51回公判において取り調べられたこと，中井が自己の頭髪に亜砒酸を付着させてから約5か月後である平成11年10月13日に中井の頭髪につき放射光分析された際に測定された中井の頭髪の砒素に係る蛍光X線強度が，切断面から58.5mm ないし59.5mm の地点において最大となり，その強度が約1200カウントであり，請求人の右側前頭部の頭髪について平成10《1998》年12月16日に放射光分析された際に測定された砒素に係る蛍光X線強度が，切断面から48mm ないし52mm の地点で検出され，その強度がバックグラウンドを除くと5000程度であって1mm 当たりで1000程度となり，平成11年5月17日に放射光分析された際に測定された砒素に係る蛍光X線強度が，切断面から52mm ないし53mm の地点で最大となり，その強度がバックグラウンドを除くと1400程度であることが認められる．
>
> 前記認定事実によれば，中井が，中井の頭髪及び請求人の頭髪を放射光分析した際に測定された砒素に係る蛍光X線強度に関する数値について資料を示しつつ具体的に証言し，その数値が記載された資料も書証として

採用されており，中井が自己の頭髪に亜砒酸を塗ってから約5か月後に測定された砒素に係る蛍光X線強度と請求人の右側前頭部頭髪について測定された砒素に係る蛍光X線強度がほぼ同程度となっているといえる．よって，河合毛髪等論文⑰に理由がない．」(pp.141–142)

　ここで「河合毛髪等論文⑰」の具体的な内容は本書では省略するが，浅見決定(2017)が48ミリを有効だと誤認したことは，アンダーライン部を読めば明らかだ．

　上で引用したとおり「平成10《1998》年12月16日に放射光分析された際に測定された砒素に係る蛍光X線強度が，切断面から48mm ないし52mm の地点で検出され」たことを，浅見決定(2017)は，「よって，河合毛髪等論文⑰に理由がない．」として，再審請求を棄却する理由とした．

　証拠価値のない48ミリを理由に再審請求を棄却したから「⑰に理由がない」ことはない．浅見決定(2017)の他の部分でも，12月16日に48ミリ「に砒素が検出された頭髪とは異なる頭髪1本から」も5月17日に「外部付着に由来する砒素を検出し」て，合計2本の林頭髪のほぼ同じ場所にヒ素の外部付着があったという再現性を根拠として，「河合毛髪等論文⑲は理由がない．」(p.147)とも判示した．浅見決定(2017)が小川判決(2002)を何度も読み誤っていたことは明らかだ．小川判決(2002)は，48ミリが有効であると読み誤らせて，再審請求審の裁判官をだました．

　㈦「切断面から51mm から52mm の地点に強い砒素の信号が計測された」と書いた小川判決(2002)を，浅見決定(2017)は「切断面から52mm ないし53mm の地点で最大となり」と言い換えた．小川判決の数値のゴマカシに気づいた判示だ．小川判決(2002)はゴマカシだ，とか，すくなくとも，小川判決は頭髪の部位を間違えている，などと浅見決定(2017)はどうして明言しなかったのか？　忖度か？

5.9. 第1次再審請求審における検察官意見書（2012）

　第1次再審請求審で，弁護団は「鑑定請求書」(2010.3.30)を和歌山地裁へ提出した．それに対して和歌山地方検察庁 検察官 福田あずみ検事は「鑑定請求に対する意見書」(2012.3.23) を提出した．関連部分を引用する．例によってアンダーラインだけ読めば十分だ．

「弁護人は確定審甲63号証及び同甲1232号証の鑑定結果を比較し（以下，それぞれ「甲63号鑑定」，「甲1232号鑑定」という.），同一の鑑定対象物であるのに砒素が検出された部位が異なるのは，鑑定が正しくないことを示しているので，請求人の毛髪に砒素が付着しているか否か，再度鑑定が必要であると主張する」が，「しかし，確定審における中井泉鑑定人（以下「中井鑑定人」という.）の証言から明らかなとおり，<u>甲63号鑑定における分析</u>は，<u>4ミリメートルの大きさの蛍光X線ビームを切断部から4ミリメートルごとに照射する方法</u>であり，同鑑定結果である「切断部から48ミリメートルの位置からのみ高濃度の砒素の存在が認められた」とは，<u>切断部から48～52ミリメートルの範囲から砒素が検出されたとの意味である</u>. そして，甲1232号鑑定では，１ミリメートルの大きさの蛍光X線ビームを１ミリメートルごとに照射する方法で分析した結果，切断部から<u>50～53ミリメートルの範囲から砒素が検出された</u>. これらの値を比較すると，<u>切断部から48～50ミリメートル及び52～53ミリメートルの範囲</u>で，一見，結論が異なるように見えるものの，それは分析手法の違いから生じた差異にすぎない. すなわち，甲63号鑑定では，４ミリメートルごとに蛍光X線ビームを照射し，その４ミリメートルにおける平均値が検出されるのであるから，切断部から48～52ミリメートルの範囲のうち，<u>50～52ミリメートルの範囲に高濃度の砒素が付着している以上</u>，48～50ミリメートルの範囲に付着していなくとも当該４ミリメートル全体として砒素が検出されたとの結論が得られる.《中略》したがって，甲63号鑑定と甲1232号鑑定の結果は一致しており，弁護人の指摘は正しくない. なお，<u>弁護人は，甲1232号証図２として添付されるべきは甲63号証図１であるとも主張するものの，その理由は根拠のない憶測にすぎない.</u>」(pp.1–2)

　アンダーライン部によれば福田検事も48ミリを有効だと誤認したことは明らかだ.

　再審請求弁護団の「鑑定請求書」(2010.3.30) は，検甲63(1998.12.16測定)に掲載すべきデータが５か月後の別の鑑定書検甲1232(1999.5.17)に掲載されているなど，弁護団は私に初めて面会(2010.9.29)する半年前に，頭髪鑑定の問題点を正しく把握していた.

　1999年５月の鑑定書に掲載されていた本書図表５の数値データを，中井教

授が民事裁判で開示したことによって,「甲1232号証図2として添付されるべきは甲63号証図1であるとも主張するものの,その理由は根拠のない憶測にすぎない」という福田検事の意見書が間違いだったことが明らかになった.「甲1232号証図2《本書図表5a》」は5月ではなく,ヒ素と鉛が区別できない前年12月の鑑定だったからだ.48ミリのピークは何の証拠価値もない鉛のピークだった.いや無実の証拠だ.私が弁護団とかかわる前から,再審請求弁護団は,不正な小川判決(2002)の核心を突いていた.

5.10. 確定第1審における検察の論告(2002)

福田検事は48ミリを有効だとしたが(2012.3.23),それなら,確定第1審の検察の論告はどうだろう.検察の論告に従って,小川判決が48ミリに関する判示を判決に書かなかった可能性もある.本節では,和歌山地方検察庁検察官小寺哲夫事務取扱検事と北英知検事の「論告要旨」(2002.6.5)を読む.論告とは検察官が事実や法律の適用について意見を述べたものだ.この論告要旨が提出されたのは,小川判決(2002.12.11)の半年前だ.

「中井教授は,この被告人の右前頭部から採取した毛髪につき,大型放射光施設フォトンファクトリの放射光X線を使用して,2回にわたり,それぞれ別の毛髪に対する蛍光X線分析を行い,そのいずれにおいても,毛根から約5センチメートルの部位に数ミリメートル幅で高濃度の砒素が局在しているとの分析結果を出している(甲63山内鑑定書,甲1232中井鑑定書,中井証言34回156〜161,174〜176).もっとも,被告人の毛髪は,医師により,はさみを使用して頭皮から約1センチメートルの位置で採取されたものであるから,毛根部を基準にすると,高濃度の砒素が局在している部位は,毛根部から約6センチメートルの部位となる(元畑証言10回6).」(p.60)

検察の論告要旨では山内鑑定書検甲63を引用した上で「2回にわたり,それぞれ別の毛髪に対する蛍光X線分析を行い,そのいずれにおいても,毛根から約5センチメートルの部位に数ミリメートル幅で高濃度の砒素が局在しているとの分析結果を出している」と述べているから,48ミリが証拠として有効だと主張する論告だ.

ところが,小川判決(2002)は48ミリを,理由を述べずに証拠から除外した.

このことから，小川判決(2002.12.11)は，和歌山地検の論告(2002.6.5)よりもずっとよく理解していたことがわかる．小川判決は48ミリ鑑定について証拠とすることもせず，言及もしなかったから，その悪質性は検察の論告を上回る．

48ミリに証拠価値がないことを，中井教授は公判で証言したにもかかわらず，「48ミリ」(検甲63)と「51,52ミリ」(検甲1232)の「**2回にわたり，それぞれ別の毛髪に対する蛍光X線分析を行い，そのいずれにおいても**」ヒ素の付着があったと小寺検事らは論告に書いたから，検察が悪質なことは論をまたない．検察は，頭髪鑑定やり直し(検甲1232)を中井教授に嘱託したから，前年12月の48ミリ鑑定が無効だと認識していたはずだ．48ミリの鑑定が有効だと検察が信じていたなら，12月と同じ鑑定を再度5月に嘱託するはずはない．

鑑定をやり直しても林真須美頭髪から亜ヒ酸が検出できないことを検察は予想したからこそ，和歌山地検は中井教授の頭髪に「**亜砒酸若干量**《実際は一万倍以上高濃度の亜ヒ酸》**を指で付着させ**」(1999.4.20)，その後毎日シャンプーして洗髪させた上でPFで鑑定させ(1999.5.17)，さらに5か月後(1999.10.13)でも付着し続けることをPFで鑑定させたのだ(5.1節「**ウ　中井教授の分析結果**」参照)．和歌山地検は林頭髪にヒ素の付着を検出できないことを鑑定嘱託した時点ですでに予想していたと言わざるを得ない．3.16節で触れたとおりだ．

一方，和歌山地裁小川判決(2002)は48ミリをこっそり除外したから更に悪質だ．鑑定不正を行なった鑑定人の責任も，それを黙認した検察の責任も重いが，確定第1審の裁判官が，証拠として不適格な鑑定があることを隠して死刑判決を書いたのがカレーヒ素事件裁判の真相だ．

別の言い方をすれば，小川判決(2002)は，遠藤裁判官が自認する以上に，芸術的とさえいえるほど良く書けた見事な判決だ．実質的な証拠が何もないにもかかわらず，そのうえ，検察の不正な論告や中井教授のまぎらわしい鑑定書にだまされることもなく，千ページ近い判決書では，慎重にことばを選んで，不都合な事実にはいっさい触れることなく，死刑判決を下した．しかも，後々，不注意な大阪高裁や最高裁，再審請求審の裁判官たちをもだまし続けた．

5.11. 第1次再審請求審即時抗告棄却決定(2020)

和歌山地裁 浅見決定(2017)が第1次再審請求(安田再審)を棄却後，弁護団は大阪高裁へ即時抗告した．刑事裁判では3日以内に不服申立てをしなければな

らないから「即時」というらしい．その即時抗告を棄却した大阪高裁樋口決定(2020)はとにかくひどい．例えば山内助教授が用いた「還元気化」鑑定方法では「還元」しないと判示するし，誰が読んでも間違いだとわかる文章が樋口決定(2020)にはいろいろ書かれている(『鑑定不正』p.207)．

　例えば「**所論《弁護士が提出した再審請求の申立書》のいうブランク値（データ）は，予試験（機器の正常動作確認）レベルで行われるものであって，通常鑑定書に示すことやそのデータを開示したり，保存して保持することは求められておらず，現に，本件における他の多くの鑑定においても，ブランク（値）データは示されていない．**」(p.52)という括弧の多い文章も樋口決定(2020)にある．鑑定ではブランクテスト(空試験)を必ず行なわなければならないことを指摘したことに対する判示だ．「**ブランク値（データ）**」と「**ブランク（値）データ**」の違いは何だろうか？　ブランクテストと「**予試験（機器の正常動作確認）**」とが異なることは，京都大学工学広報No.79に書いた．同工学広報誌は，京都大学内で冊子版が広く配布されているし，Web版〔https://www.t.kyoto-u.ac.jp/publicity/no79〕は学外から誰でもダウンロードできる．分析化学専門家も多く目を通す．

　証拠品と同じ条件で運んだ「トラベルブランク」を使った空試験を必ず行なうように定めた公定分析法もあるから，樋口決定(2020)の括弧の多い文章は間違いだ．そのうえ樋口決定(2020)は「**本件における他の多くの鑑定においても**」ブランクテスト結果を示していないことを認めたから，カレーヒ素事件「**における他の多くの鑑定**」も不正な鑑定だらけだったことを認めたことになる．「**本件における他の多くの鑑定**」も不正だらけなら再審を開始すべきはずだが，再審請求を棄却した．樋口決定(2020)は図表1(序章)に示すとおり，全文が裁判所のホームページで公開されているが，私の『鑑定不正』以上に文章は難解だ．

＊　　　　　＊　　　　　＊

　樋口決定(2020)には，48ミリに関して，矛盾した内容が書かれている．本節では48ミリが正しいとする部分を引用する．

　「**⑤毛髪鑑定についての所論**
　ア　毛髪鑑定の内容と確定審判決の判断
　⑦ 和歌山県警察本部から，請求人の頭髪中の砒素濃度につき，鑑定を嘱託された聖マリアンナ医科大学予防医学教室の助教授（当時）山内博（以

下「山内」という.）は，平成10《1998》年12月9日に請求人の左側前頭部，右側前頭部，右側後頭部，左側後頭部の4か所から採取された各毛髪中の砒素濃度を，同月11日に超低温捕集－還元気化－原子吸光光度計により測定したところ，《中略》特に右側前頭部からは通常は検出されない無機の3価砒素が検出された．また，山内から放射光による分析を依頼された中井は，山本主任研究員を介して山内から受け取った請求人の毛髪のうちの右側前頭部の毛髪1本につき，同月16日，フォトンファクトリーにおいて，放射光分析装置を用い，砒素の付着を分析した結果，<u>切断面から48mm ないし52mm の地点にのみ砒素の強いピークが計測された</u>．山内は，中井の上記放射光分析の結果も加え，請求人の頭髪に，一般健常者には認められない亜砒酸暴露（外部付着）が存在していたと判断する旨の鑑定書（甲63）を作成した（以下，この鑑定結果及びこれに関する確定第1審における山内証言を「山内鑑定」ともいう．）．」(p.44)

　樋口決定が間違いであることは，説明するまでもないだろう．

　アンダーラインで示した「切断面から48mm ないし52mm の地点にのみ砒素の強いピークが計測された．」という樋口決定(2020)の文章を小川判決(2002)と比較すると，樋口決定には絶妙なゴマカシがあることが判明する．

　5.1節で小川判決(2002)から引用した「**ウ　中井教授の分析結果**」の(ア)には「**その結果は，グラフ5『被告人の右側前頭部毛髪の砒素強度』①《本書図表3》のとおりであり，切断面から48mm ないし52mm の地点にのみ砒素の強いピークを計測した．そのデータは山内助教授に提供された．**」と書いてあった．小川判決(2002)が「48ミリ」に言及したのは，約千ページの判決文の中でこの文章1箇所だけだ．この文章が，樋口決定(2020)では，1998年12「**月16日，フォトンファクトリーにおいて，放射光分析装置を用い，砒素の付着を分析した結果，切断面から48mm ないし52mm の地点にのみ砒素の強いピークが計測された．**」(樋口決定2020p.44)という文章に変わった．

　中井鑑定の48ミリのデータが中井教授から「**山内助教授に提供された**」事実を書いたのが小川判決(2002)だった．ところが樋口決定(2020)は小川判決(2002)から「**提供された**」を削除した．この削除によって証拠価値のない48ミリの鑑定は，「**砒素の強いピークが計測された**」という有罪の決定的証拠へと昇格した．

　裁判官は常習的に下級審の判決文をこんな風に書き換えているのだろうか．

いったん裁判で有罪になると，上級審へ行くほど，下級審の判決文が改ざんされて不利な文章がどんどん増えてゆく．

5.12. 山地裁判長による証人尋問の内容に酷似する樋口決定

樋口決定(2020)には「**切断面から48mmないし52mmの地点にのみ砒素の強いピークが計測された**」ことが正しくないことを前提とした以下の文章もある．

「この点に関し，所論《弁護士が提出した再審請求の申立書》は，河合意見書等に基づき，甲1232鑑定において，中井は，1999年（平成11年）5月17日，フォトンファクトリーにおいて，12.2～12.9keVのX線のエネルギーを使用して蛍光X線分析を行った結果，請求人の毛髪の切断面から50mmから53mmのところに砒素が局在していたとし，その1次元分析によるグラフ（同鑑定書図1《本書図表8》）を示しているが，同鑑定書に掲げられているスペクトル図（甲1232図2）は，1998年（平成10年）12月14～16日に，フォトンファクトリーにおいて，20～21keVのX線エネルギーを使用して行われた蛍光X線分析の結果得られたものであり，同エネルギーを使用して蛍光X線分析をした場合，使用エネルギーが12.2～12.9keVの場合とは異なり，砒素だけでなく鉛も励起するところ，中井はその鉛のピークを砒素と誤って判定したものであるから，原決定が，同日，中井がフォトンファクトリーにおいて実施した蛍光X線分析の結果，請求人の右側前頭部の毛髪から砒素元素特有のピークが明瞭に観察されたと認定したのは誤りである，という．

しかしながら，中井の確定第1審における供述によれば，フォトンファクトリーにおける蛍光X線分析の際，使用エネルギーは自由に変えられるところ，中井は，甲1232鑑定の際，砒素と鉛のピークが重なり，砒素のピークと鉛のピークを見誤る可能性があることから，鉛が付着していたとしても，砒素と間違うことのないエネルギーを使用することにし，砒素を励起するには十分であるが，鉛を励起することのないエネルギーである12.2ないし12.9keVを使用したことが認められるから，所論は前提を欠くというべきであって，これに沿う河合意見書等も採用できない．《中略》その他種々主張する諸点を含め，毛髪鑑定を争う所論はいずれも採用でき

ない.」(pp.50-51)

　樋口決定(2020)では，48ミリについて，前節で引用した「⑤毛髪鑑定についての所論」(p.44)と，本節の引用部分(pp.50-51)とで矛盾がある.

　5.11節で論じた樋口決定(2020)の「⑤毛髪鑑定についての所論」(p.44)では48ミリに証拠価値があるという立場だった．一方で本節の引用部分(pp.50-51)は2年後の田口判決(2022)と似た判示だ．48ミリは「**20〜21keVのX線エネルギーを使用して行われた蛍光X線分析の結果得られたものであり，同エネルギーを使用して蛍光X線分析をした場合，使用エネルギーが12.2〜12.9keVの場合とは異なり，砒素だけでなく鉛も励起する**」という弁護団の主張が仮に正しくても，検甲1232では「**12.2〜12.9keV**」という選択励起を用いたから，死刑判決が維持できる，という趣旨だ.

　樋口決定(2020)は田口判決(2022)の2年前だが，樋口決定(2020.3.24)の1か月前には，田口裁判長の前任の山地裁判長による証人尋問が，2020年1月30日と2月14日の2回，わたくし河合と，被告中井・山内両教授に対して大阪地裁で行なわれた．樋口決定(2020)の大阪高裁は大阪地裁と同じ建物だ．本節で樋口決定(2020)から引用した文章は，5.11節で引用した「**⑤毛髪鑑定についての所論**」(p.44)を含む樋口決定が完成した後に，誰かに民事裁判の証人尋問を聞きに行かせて，慌てて本節の引用部分(pp.50-51)を書き足したことを推認させる内容だ.

5.13. 第5章の結論

　本章までの結論をまとめれば，カレーヒ素事件裁判は，鉛をヒ素だと見間違えた，証拠価値のない頭髪の㋐「48ミリ」の位置にヒ素を検出したという鑑定(検甲63)を，確定第1審の裁判官が，あたかも有効な鑑定であるかのように見せかけて，裁判官が自ら冤罪を作出した裁判だった，とまとめることができる．㋐「48ミリ」鑑定は，シンクロトロン放射光実験のことをほとんど何も知らない聖マリアンナ医科大学山内博助教授が，鑑定現場に臨むことさえせず，伝聞で書いた．その「48ミリ」の鑑定を，上級審や再審請求審の裁判所は，確定第1審判決にだまされて，有効な鑑定だと判示し続けたのがカレーヒ素事件裁判の真相だ.

　「51,52ミリ」の鑑定(1999.5.13検甲1232)は㋐「48ミリ」の再鑑定を泥縄

式に実施したもので，頭髪に付着するヒ素を検出できるほどに，迷光を十分に低減させた選択励起条件で測定した鑑定ではなかった．検甲1232で測定したX線スペクトルを鑑定書に示さず，検甲63鑑定時のスペクトルをトリミングして，選択励起に成功したかのように見誤らせる鑑定だった．

　亜ヒ酸が中井頭髪に半年付着し続けることを示したとされる鑑定(1999.10.13検甲1294)も，中井鑑定の絶対エネルギーの精度0.4keVを考慮すれば，選択励起条件を満たしておらず，信頼するに足りないデータしか検甲1294には示されていない．敢えて言えば，選択励起条件をわずかに超えて鉛を励起することによって中井頭髪にヒ素が付着し続けるかのように装った蓋然性が極めて高い．生のスペクトルを開示させれば，13keVを超えた入射X線が表示されているはずだ．

　上告棄却や再審請求棄却の連鎖を知ると，確定第1審小川判決(2002)の悪質性は明らかだ．ひどい裁判だ．このカラクリを見破ったのは，私ではなく，民事裁判田口判決(2022)だ．

第6章
林真須美頭髪の3価無機ヒ素は DMAAとTMAだった

　本書の後半では，山内鑑定書検甲63の㋺3価無機ヒ素の検出が虚偽鑑定だったことを多面的に立証してゆく．第6章では，鑑定書の3価無機ヒ素は，3価ヒ素ではなく，DMAA と TMA だったこと，第7章では，山内鑑定㋺の pH が不適切だったこと，第8章では，山内鑑定書の正常値(100名)がねつ造・改ざん・盗用だったこと，第9章では，山内鑑定によっては3価無機ヒ素が正しく分析できない理由が2報の山内論文に書かれていたこと，第10章では，検甲63の林真須美頭髪のヒ素濃度値が検出下限に達しない低い濃度だったこと，第11章では，DMA 値がありえないほど高精度の数値で鑑定書に記載されていたことや米国科学アカデミーが山内論文のヒ素分析値が不自然だと指摘していたことを説明してゆく．最終的に山内鑑定書検甲63の林頭髪ヒ素鑑定値(図表10)のすべての数値が架空の数値だったことを，第6章から第11章までの本書の残りを使って総合的に立証する．

6.1. 西田理英弁護士

　本章では山内博教授に対する民事裁判の反対尋問(2020.2.14)を引用する(6.2節)．林真須美頭髪に亜ヒ酸が付着していたことを示す3価無機ヒ素を検出した山内鑑定㋺は，「**DMAA と TMA を測定するため**」の手順であって，3価無機ヒ素の検出手順ではなかったことが6.2節の証人尋問から明らかになる．

　山内教授への反対尋問を担当した林真須美代理人西田理英弁護士は山内助教授の化学英語論文を自分で読み解き，山内鑑定は「**DMAA と TMA を測定するため**」の手順を使って3価無機ヒ素を検出していたというスリカエに気づいた．私は，西田弁護士に指摘されるまでこのスリカエに気づかなかった．

　西田弁護士は「**2015年カリフォルニア大学バークレー校（日本弁護士連合会**

推薦派遣留学），2016年テキサス大学オースティン校（法学修士），2017年ニューヨーク州弁護士登録」（弁護士事務所Web）という略歴だ．

確定第1審で山内助教授は「**当時この《パーマコロジー》論文に，この《林頭髪のヒ素》分析法の内容を十分に記載しております**」(6.2節)と証言していた．この証言が正しいなら，山内助教授は「**DMAとTMA**」の分析値を3価無機ヒ素として鑑定報告していたことになる．第11章で明らかになるように，山内鑑定書のDMA値は架空の数値だった．いったい，山内鑑定書検甲63のどの数値が実際に測定した数値だったのか？　DMAとDMAの違いは序章で説明した．

山内鑑定検甲63の鑑定のスリカエを先にまとめておく．

①山内パーマコロジー論文：「**DMAとTMAを測定するために，反応液は10%のフタル酸水素カリウム液でpH3.5に調整した．**」
②山内鑑定書検甲63：「**無機の3価砒素（As(Ⅲ)）を特異的に測定するために，砒素の還元用の反応液は10% －フタル酸カリウム（pH3.5）30mℓを用いた．**」

先述したとおり，西田弁護士に指摘されるまで，私は①と②の違いに気づかなかった．言い訳すれば，本来あるべき山内鑑定方法を理解していたから，気づかなかった．小説『悲素』で沢井教授が説明する山内ヒ素分析手順(4.7節)も検甲63とは違った．私や小説の沢井教授(すなわち九大井上教授)のように，分析方法を理解しているほど，山内鑑定書に易々とだまされた．確定第1審では和訳が存在しなかったから，裁判官もこのスリカエには気づかなかったはずだ．それにしても，和歌山地裁小川裁判長は，山内助教授になぜ和訳を提出させなかったのだろう．裁判には，和訳を提出しなくてよいらしい．

6.2. 西田弁護士の反対尋問

民事裁判で原告(林真須美)代理人西田弁護士の反対尋問(2020.2.14)に対して被告山内教授は以下のように証言した．pHや薬品名はとりあえず無視してよい．

西田：**尋問資料3の132ページ《甲第62号証の2》を示す**

西田「それから，これは，《山内》先生は先ほど今回の毛髪鑑定に用いた
　　分析方法を含むものを発表したとおっしゃっておられましたよね.」
山内「1984年ですから，この論文は.」
西田「このハムスターの論文で発表されたとおっしゃってましたよね.」
山内「はい.」
西田「下から4行目の部分から，ちょっと見たいんですけれども，無機
　　のヒ素とMAAの測定のために反応液は10パーセントのシュウ酸溶液で
　　pH1から1.5に調整した.DMAAとTMAを測定するために，反応液は
　　10パーセントのフタル酸水素カリウム液でpH3.5に調整したと，そう
　　いうふうに記載がありますね.」《pH3.5は3価無機ヒ素を検出するため
　　のpHではなく，DMAAとTMAを検出するためのpHだったと言う意
　　味》
山内「はい.」(pp.23-24)

　ここで，民事甲第62号証の1とは，刑事裁判確定第1審37回公判(2000.
8.9)で山内助教授が「これは，1984年米国毒学会の機関紙であります『トキ
シコロジーアンドアプライド・パーマコロジー，ボリューム74』でござい
ます.《中略》当時この論文に，この分析法の内容を十分に記載しておりま
す.」(pp.35-36)，頭髪中の3価の無機ヒ素を測定するためには「1箇所だけ
変えることが必要になります.」「無機の3価ヒ素を特異的に測る場合は，10
%のフタル酸カリウム溶液を用います.」(p.72)と証言したときに山内証人
が持参した英語論文だ(H. Yamauchi, Y. Yamamura: Toxicology and Applied
Pharmacology, 74, 134-140(1984). DOI: 10.1016/0041-008X(84)90279-5で概
要〔Abstract〕などを無料で読むことができる〔本文は有料〕).　この英語論文別刷の
コピーは37回公判調書に添付されている.　先述のとおり，和訳は刑事裁判確
定審では存在しなかった.　民事甲第62号証の2は再審請求弁護団を支援する
医学関係者の和訳だ.「パーマコロジー」はファーマコロジー(薬理学)のミス
プリだろうが，この論文を「パーマコロジー」と呼ぶことにする.　6.1節と4.7
節でも「パーマコロジー」に言及した.
　林真須美の右前頭髪に，亜ヒ酸に相当する3価無機ヒ素を検出した分析方法
は，「パーマコロジー」の手順から「無機の3価ヒ素を特異的に測る場合は，
10%のフタル酸カリウム溶液を用い」(37回p.72)てpH3.5で分析したという
のが山内証言だったが，「パーマコロジー」の論文には「DMAAとTMAを測

定するために，反応液は10％のフタル酸水素カリウム液でpH3.5に調整した．」
とすでに書いてあった．

＊　　　　　＊　　　　　＊

　西田弁護士の反対尋問に対して山内教授は「**アルシンガスを，数種類のアル**
シンガスを液体窒素でマイナス196度で石英管でできたU字管の中，その石英
管の中には石英ウールが入って」と分析方法の細かな説明を始めた．1985年
出版の論文まで，山内教授は，ガラス製試験管を使ってヒ素を分析していた．
1984年出版の「パーマコロジー」論文もガラス製試験管を用いたと論文に書
いてある．山内教授は1985年の一部の論文から，試験管の材質を，ガラスか
らpolymethylpentene(PMP)やポリプロピレンなどの高分子樹脂(要するにプ
ラスチック)に変更した．石英も見た目はガラスだが，ヒ素を含んでいない．
西田弁護士に与えられた尋問時間は極めて限られていたから，U字管の材質説
明を遮った西田弁護士は，

> 西田「ちょっと時間がないので，ここでちょっと．」
> 山内「**大事なとこなんで，私は自分でこの鑑定するとき，1998年ですね，**
> 　　　鑑定をするとき，林さんの髪の毛を鑑定するとき，その機械において最
> 　　　も適切なpH状態を，きちんとpHメーターで反応，10％フタル酸カリ
> 　　　ウムは，そのまま作りますとpHが3.5なんです．」
> 西田「やられたとおっしゃられるわけですね．」
> 山内「はい，**至適条件を正しく求めて，鑑定をやってます．**」
> 西田「ただ，先生はそれを鑑定書にも明確に，pHが非常に重要な実験環
> 　　　境であることを認識していながら，その鑑定書にはそれは書いてはいな
> 　　　い，書いていないことは事実ですね．pHが4に設定したということは，
> 　　　鑑定書には書いてませんよね．pHを4から5に設定したことは書いて
> 　　　おられませんね．書いているか，いないかだけ答えてください．」
> 山内「**書いてません．**」(pp.25-26)

　化学を理解していなくても上で引用した反対尋問から山内鑑定のスリカエが
わかる．これが裁判の直接主義の良いところだ．①を②にすり替えたことは長
方形の枠(本書100頁)にまとめたから，注意して西田弁護士の尋問を読んだ読
者にはわかったはずだ．私は西田弁護士に指摘されるまで気づかなかったか
ら，気づけなかった読者のために説明すれば，「**DMAAとTMAを測定するた**

102

めに，反応液は10パーセントのフタル酸水素カリウム液でpH3.5に調整した
と，そういうふうに記載がありますね.」という西田弁護士の質問が重要だ.
山内助教授は37回(2000.8.9)には「無機の3価ヒ素を特異的に測る場合は，
10%のフタル酸カリウム溶液を用います.」と証言していたからだ.

　次節ではこの証言を山内鑑定書検甲63で確認したい.

6.3. 林頭髪鑑定書と英語論文「パーマコロジー」との驚くべき違い

　林真須美の頭髪から㋺3価無機ヒ素を検出した山内鑑定書(書検甲63)には，
「無機砒素（iAs），メチル化砒素（MA），ジメチル化砒素（DMA），トリメチル
化砒素（TMA）の分別定量は，超低温捕集－還元気化－原子吸光光度計で行な
った．この時の還元用の反応液は，10%－シュウ酸溶液（pH1.5）30mℓを用
いた．無機の3価砒素（As(Ⅲ)）を特異的に測定するために，砒素の還元用の反
応液は10%－フタル酸カリウム（pH3.5）30mℓを用いた.」と書いてある. だ
からpH3.5に設定したのは，3価無機ヒ素を「特異的」に検出するためだっ
たはずだ. ところが「パーマコロジー」では，6.2節で山内教授に対する反対
尋問を引用したとおり，「pH3.5」は「DMAAとTMAを測定するため」のpH
だった.

　pH3.5の山内鑑定は，「無機の3価砒素（As(Ⅲ)）」と「DMAAとTMA」のい
ったいどちらを分析する方法だったのだろうか？

6.4. 山内鑑定書検甲63の数値データ

　第3章の冒頭で触れたように，山内博鑑定人は，㋺聖マリアンナ医科大学の
原子吸光分析装置を使って，林真須美の右前頭部の頭髪50ミリグラムを分析
し，頭髪1グラムに換算して0.090マイクログラムの「無機の3価砒素」すな
わち亜ヒ酸の付着を検出した(検甲63). 小川判決(2002)p.961には㋺の鑑定結
果をまとめた数値が「別表5」として掲載されているので，図表10として再
掲する. 図表10は山内鑑定書検甲63「表1化学形態別の頭髪中砒素濃度」(『鑑
定不正』に図表16として掲載)とは「頭髪」を「毛髪」とするなど微妙な違いが
あるが，本質的に同じで，図表10の方がわかりやすい. 本書では小川判決の
「別表5被告人毛髪中ヒ素濃度一覧」と山内鑑定書検甲63の「表1化学形態別
の頭髪中砒素濃度」とを同一とみなす.

第6章　林真須美頭髪の3価無機ヒ素はDMAAとTMAだった　**103**

図表10. 被告人毛髪中ヒ素濃度一覧（小川判決〔2002〕p.961別表5）.

測定部位	毛髪中砒素濃度 μgAs/g			
	無機砒素総量	無機3価砒素量	DMA	総砒素量
左側前頭部	0.090	—	0.026	0.116
右側前頭部	0.122	0.090	0.037	0.159
右側後頭部	0.029	—	0.031	0.060
左側後頭部	0.036	—	0.029	0.065
正常値（100名）	0.060	—	0.020	0.080

《μgAs/gとは頭髪1グラム（分母）当りのヒ素（As）量をμgで示した数値.「無機3価砒素量0.090
μgAs/g」は，頭髪1gを分析したと換算して3価無機ヒ素を90ナノグラム検出したという意味. 分
析した林頭髪量は50mg＝（1/20）グラムだったから，90ナノグラムを20で割ると，林頭髪50ミリグ
ラムに4.5ナノグラムのヒ素が付着していたのを検出したことになる. 検液中にヒ素4.5ナノグラムが
含まれていても，山内鑑定方法では検出できないことが第10章で明らかになる.》

　本章の冒頭で触れたとおり，図表10のすべての数値が意味のない数値だっ
たことを，第6章から第11章までの本書の後半を使って立証してゆく. 山内
証言が正しいなら，図表10の「無機3価砒素量」も「0.090」も「DMAAと
TMA」だったことになる.

第7章
山内鑑定に対する田口判決(2022)

7.1. 田口判決(2022)

　原告 林真須美が，被告山内博教授を，その鑑定が虚偽だとして訴えた民事裁判の田口判決(2022)は，3価と5価の無機ヒ素を，pHの設定を変化させることによって分別して定量分析できるという山内教授の鑑定が「**どの程度確立しているかについて不明確な点も残る**」とし，「**被告山内鑑定の方法では，3価砒素のみならず5価砒素が《あたかも3価ヒ素であるかのように》回収される可能性があるから，同鑑定の結果が正確でない**」と判示した．3価無機ヒ素とはカレーヒ素事件の凶器となった亜ヒ酸As_2O_3のことだ．

　以下で引用する田口判決は，<u>実線アンダーライン</u>をざっと読めば十分だ．<u>破線アンダーライン</u>は7.3節で言及する．

　　「(エ)原告《林真須美》は，<u>3価砒素を特異的に測定するためには，pHを4ないし5に設定しなければならないにもかかわらず，被告山内はpHの設定を誤った旨主張する．</u>

　　この点，被告山内も，3価砒素を測定するためには，反応溶液として，pH4ないし5のフタル酸水素カリウム溶液を用いること自体は認めた上で，被告山内鑑定においても，pHを4ないし5に設定した趣旨とも考えられる陳述等をするものの（甲71・5頁,乙4・8, 13頁），被告山内鑑定書には，<u>『シュウ酸溶液（pH1.5)』，『フタル酸カリウム（pH3.5)』と記載されているのみで，溶液のpHを4ないし5に調整した旨の記載はなく，被告山内が，フタル酸水素カリウム溶液のpHを4ないし5に設定したとは認められない．</u>

　　<u>もっとも，原告が主張の根拠として引用する各文献においては，pHを4ないし5とすべきであったとする文献のみならず，pHを4とした場合</u>

でも５価砒素が一部検出される旨記載されている文献もあるなど，３価砒素と５価砒素を区別して回収するための手法（適切なpHについての知見）がどの程度確立しているかについて不明確な点も残る．また，原告は，被告山内鑑定につき，pH の設定を誤った結果，３価砒素と５価砒素の分別定量ができておらず，pH1.5に設定した場合には，３価砒素の回収率が100％，５価砒素の回収率が24％であり，pH3.5に設定した場合には，３価砒素の回収率が100％，５価砒素の回収率が５％であるなどと主張するが，同主張を前提としても，被告山内鑑定の方法では，３価砒素のみならず５価砒素が回収される可能性があるから，同鑑定の結果が正確でないとはいえても，これが虚偽鑑定の意図があったことを推認するものとは言い難い．」(pp.37–38)

田口判決(2022)では「フタル酸カリウム」「フタル酸水素カリウム」(以下合わせて本書では「フタル酸」と呼ぶ)や「シュウ酸」などの薬品名が出てくるが，これらはpH(酸っぱさ)を3.5などに調整するための試薬だから，化学式を知る必要はない．食塩の化学式NaCl を知らなくても料理できるのと同じだ．薬品のことを化学では試薬と呼ぶ．「試薬」は法令でも定義されているそうだ．

7.2. pH

山内鑑定書(検甲63)には，6.3節で引用したとおり「無機の３価砒素（As(Ⅲ)）を特異的に測定するために」「pH3.5」を用いたと書いてある．ところが３価無機ヒ素を検出するためには，「pH を４ないし５に設定」すべきだとする分析化学の標準的な教科書(『最新原子吸光分析Ⅲ』,不破敬一郎他編,廣川書店,1989,pp.964–980)が，山内鑑定の10年前に出版されていた．

この廣川書店の『最新原子吸光分析Ⅲ』を示された山内教授は，陳述書乙４(2020.1.24)に「無機の３価砒素と無機の５価砒素は，還元反応の反応液のpHを選択することにより区別して測定でき，反応溶液としてpH が１〜２の10％－シュウ酸溶液に替えて，10％のフタル酸水素カリウム溶液を用いてpH を４〜５にすれば，無機の３価砒素を選択的に測ることが可能となることから，その方法を用いて測定したところ，第１の１に掲げた表《本書図表10と同趣旨の表》に記載したように，原告の右側前頭部からのみ無機の３価砒素が0.090μgAs/g 検出されました．」(p.8)と書いたから，田口判決(2022)は「山内も，

3価砒素を測定するためには」「pH 4ないし5」で分析すべきことを認め,「山内鑑定においても,pHを4ないし5に設定した」かの陳述をしたが,山内鑑定書には「溶液のpHを4ないし5に調整した旨の記載はなく,被告山内が,フタル酸水素カリウム溶液のpHを4ないし5に設定したとは認められない.」(p.38)と判示した.

6.2節で引用した反対尋問から抜粋すれば,

> 西田「pHを4から5に設定したことは《鑑定書には》書いておられませんね.」
> 山内「書いてません.」(pp.25–26)

という山内証言が田口判決(p.38)の重要な理由となった.

pHとは,水溶液の酸性・アルカリ性を数値化したもので,ドイツ流の「ペーハー」が言いやすい.高校の「化学基礎」という科目は高校生の90%が学ぶそうだが(「これからの高校理科教育のありかた」日本学術会議,2016),たとえばその高校教科書(啓林館,2021)には食酢のpHは2前後,レモン汁は2～3,ミカン汁は3～4程度という図が出ている.pHは数字が小さい方が酸性は強い.pH 1の酸を10倍に薄めるとpH 2になる(同教科書2021pp.138–9).pHが1違うと酸濃度は10倍違う.pH 7は中性,7より大きいとアルカリ性だ.酸性は酸っぱくアルカリ性は苦い.

pH3.5はpH4.5より酸として10倍濃い.山内鑑定で用いたpH3.5の検液を10倍に薄めてpH4.5にすると,3価無機ヒ素がようやく正しく分析できる.高校の化学ではpH $= -\log_{10}[\text{H}^+]$という式を習うが,本書ではこの式には立ち入らない.

3価ヒ素の分析のための最適なpHは,頭髪か尿かなど,その量,水温によっても変化する.しかし「パーマコロジー」を含む山内助教授の論文では,ハムスターの脳,体毛,腎臓,皮膚等や尿などを全部同じpHで分析してきたから,予備的に最適pHを決めて実験したわけではないことは明白だ.

7.3. 回収率

7.1節の田口判決(2022)から引用した破線アンダーラインの「回収率」は聞き慣れないから難解に感ずるかもしれないが,山内鑑定の問題点を正しく指摘

しているので，しばらく我慢してほしい．

「回収率」を手短に説明すると，たとえば頭髪に含まれる3価無機ヒ素As(Ⅲ)のうち何％がその分析によって検出できたかを意味する．普通は既知量のAs(Ⅲ)を含む試料を分析して，98％のように100％に近い数値になることを確認する．100％を大幅に超える場合は，実験器具や用いた水がヒ素で汚染されていた可能性もある．検出してはいけない5価ヒ素As(Ⅴ)や試験管から溶出した亜ヒ酸を検出すれば1000％(十倍)や2000％(二十倍)になることもある．第9章で「陸水論文」と呼ぶ1984年の山内論文では回収率が1000％や2000％にもなった．その場合には凶器の「**3価砒素**」が林頭髪に付着していなくても「**被告人の頭髪からも**<u>高濃度の砒素が検出され</u>」(最高裁2009)たように見える．田口判決(2022)は，「**同《山内》鑑定の結果が正確でない**」と判示した．

＊　　　　　＊　　　　　＊

田口判決(2022)が述べるように「**原告《林真須美》が主張の根拠として引用する各文献**」によれば「**pH3.5に設定した場合には，3価砒素の回収率が100％，5価砒素の回収率が5％**」だから，仮に5価ヒ素だけを含む検液を分析したとすれば(これは林頭髪に亜ヒ酸が付着していないことを意味する)，5価ヒ素の5％が3価に還元された後に回収されることになる．「**回収**」されるのは3価ヒ素だけで，3価に変化しなかった95％の5価ヒ素は回収されない．<u>「回収」とは，3価ヒ素がAsH_3(アルシンガス)という気体分子に化学変化して，原子吸光装置の中でさらに原子状ヒ素に分解し，ヒ素ランプが発する光を吸収するので(原子吸光)，ヒ素濃度値が求まることを意味する</u>．5価ヒ素は，まず最初に3価に還元されなければ，アルシンガスにならない．

化学の専門的な事項になるが，As(Ⅴ)→As(Ⅲ)→AsH_3という2段階の還元反応を使うのが山内鑑定だ．5と3の時計数字ⅤとⅢはヒ素の価数または酸化数を表す．価数がⅤ→Ⅲへと小さくなることも，ヒ素が水素と結合してAsH_3(アルシンガス)となるのも還元と言う．水溶液中の微量の5価ヒ素As(Ⅴ)はpH1以下の塩酸で酸性にすると，ほぼ全量が3価に還元される．$10mol/\ell$のHClはpH＝−2.0だ(蟻川芳子，小熊幸一，角田欣一編『ベーシックマスター分析化学』オーム社2013p.37)．一方，pH4より大きいpHでは，5価ヒ素As(Ⅴ)は5価のままだ．したがって5価ヒ素だけを含む頭髪を鑑定しても，「**pH3.5に設定**」すれば，5価ヒ素のうちの5％は，3価に還元されて，あたかも亜ヒ酸が頭髪に付着していたかのような鑑定結果を与える．

＊　　　　　＊　　　　　＊

108

田口判決(2022)には「もっとも，原告が主張の根拠として引用する各文献においては，pHを４ないし５とすべきであったとする文献のみならず，pHを４とした場合でも５価砒素が一部検出される旨記載されている文献もある」と書いてあるから，pHを理解しない人がこの田口判決を読むと，原告林の主張「がどの程度確立しているかについて不明確な点も残る」と判示しているように聞こえる．しかし，５価ヒ素だけを含む検液を「pHを４」で分析しても「５価砒素が《３価に還元されて》一部検出される旨記載されている文献もある」なら余裕を見てpHを4.5まで上げて検査すべきところ，pH４より低いpH3.5で分析すれば，「５％」よりずっと多い３価ヒ素が林頭髪に付着していたかのような鑑定結果になることを言う判決だ．

山内鑑定は，３価ヒ素が存在しない検液を検査しても，少なくとも５％，場合によってはもっと多い５価ヒ素が３価に還元されて，３価ヒ素として回収されるから，あたかも高濃度の３価ヒ素がもともと頭髪に付着していたかのような鑑定結果となる，というのが田口判決(2022)の趣旨だ．すなわち，死刑判決の理由となった３価無機ヒ素を林真須美頭髪に検出した「被告山内鑑定の方法では，３価砒素のみならず５価砒素が回収される可能性があるから，同鑑定の結果が正確でない」と判示した．

7.4. 小川判決（2002）の新たなウソ

先述したように，田口判決(2022)は，山内鑑定書検甲63の㋺原子吸光分析が「どの程度確立しているかについて不明確な点も残る」と判示した．小川判決(2002)は「山内助教授は例年200ないし300件を分析し，豊富な分析経験を有する専門家であるから，その分析能力には高いものがあると認められる」(p.399)という判示だった．2002年から2022年までの20年間で山内鑑定は大暴落した．

刑事裁判確定第１審でも，林真須美弁護団は「山内助教授は科学的基礎知識に欠け，弁護人からの反対尋問に対し偽証とさえいえる証言態度であって，山内助教授の鑑定の信用性の担保がない」(小川判決2002p.398)と指摘していた．これに対して，小川判決(2002)は，「確かに，弁護人の反対尋問に対する山内助教授の証言は，趣旨の分かりにくいものが多く，真摯な証言態度にやや欠けるところがあったことは否めないが，《中略》その分析能力には高いものがあると認められる.」(p.399)と判示した．2002年の小川判決も，山内助教授の

証言態度が好ましからざることは否定しなかった.

　本書第3章と第5章からわかるように，中井教授が，確定第1審43回公判(2000.10.4)で山内鑑定(検甲63)はヒ素「**のピークが鉛のピークと重なるんですね，砒素のKα線と鉛のL線がですね.**」(p.38)と証言したから，山内鑑定書検甲63の④48ミリが正しくないことを確定第1審の裁判官は認識していたはずだ．48ミリの判示が小川判決(2002)にはないから，山内鑑定書検甲63の④48ミリが間違いだと小川判決が認識したことは確実だ．それにもかかわらず「**その分析能力には高いものがあると認められる**」と小川判決(2002)は書いたから，この判示は白々しいウソだったと言わざるを得ない．第3章で48ミリの小川判決の不正が一つ明らかになったことを契機として，「**分析能力**」についての小川判決もウソだとわかった．

　小川判決(2002)はこうした連鎖を恐れて，48ミリの判示を書けなかったのだ．小川判決(2002)は山内鑑定の弱点を熟知していた．

第8章

正常値（100名）は，ねつ造，改ざん，盗用

8.1. 山内鑑定書「正常値（100名）」のゴマカシ

　山内鑑定書検甲63には図表10（6.4節）の数値が掲載されており，「**当研究室における頭髪中砒素濃度の正常値は100名から求めた**」（検甲63）とする「**正常値（100名）**」のヒ素濃度値と対比させて，林真須美の頭髪には「**正常値（100名）**」には検出されない3価無機ヒ素，すなわち亜ヒ酸が付着していたと結論されている．この「**正常値（100名）**」の数値もウソだ．

　図表11は，聖マリアンナ医科大学山村行夫教授の研究室メンバーによって執筆された3論文Yamato（1988），Yamauchi（1989），Yamauchi（1997）と，山内鑑定書検甲63の「**正常値（100名）**」を比較したものだ．本書では科学論文を第1著者名と出版年とで呼ぶ．論文そのものは序章で紹介した国際DOI財団のホームページに図表11の註のDOIを入れると最初の数ページや概要が無料で読めることが多い．

　Yamato（1988）には，「**正常値（100名）**」の頭髪の総無機ヒ素濃度等は，図表11に示すとおり0.056±0.033等と記載されている．3価無機ヒ素はYamato（1988）の検査項目にはない．Yamatoが分析した頭髪量は500ミリグラム（0.5g）だ．「日本の博士論文をさがす」というホームページから検索すると，大和直久医学博士の「Concentrations and chemical species of arsenic in human urine and hair」という題目の聖マリアンナ医科大学医学博士論文（1988.12.5）が見つかり，国立国会図書館のデジタルコレクションへのリンクが表示されるから，国会図書館のIDがあれば大和博士の博士論文を無料でダウンロードできる．図表11のYamato（1988）は，大和博士の博士論文だから単著論文なのだ．博士論文は研究室の補助を受けても謝辞にとどめ，博士号申請者が単独執筆する．

図表11. 1988, 1989, 1997, 1998年の報告に記載された日本人健常者100名の頭髪分析値の比較.

正常値 （100名）	総無機ヒ素	As(III)	MAA	DMAA (DMA)	TMA	全ヒ素
Yamato (1988)	0.056 ± 0.033	検査項目なし	不検出	0.020 ± 0.021	不検出	0.075 ± 0.043
Yamauchi (1989)	0.06 ± 0.03	検査項目なし	－	0.020 ± 0.021	－	0.08 ± 0.04
Yamauchi (1997)	0.056 ± 0.033	検査項目なし	nd	0.022 ± 0.021	nd	0.075 ± 0.043
検甲63 (1998)	0.060	不検出	掲載無し	0.020	掲載無し	0.080

註：nd＝検査したが検出されず.
Yamato (1988): Bulletin of Environmental Contamination and Toxicology, 40, 633-640 (1988). DOI: 10.1007/BF01697507
Yamauchi(1989): American Industrial Hygiene Association Journal, 50 (11) 606-612（1989). DOI: 10.1080/15298668991375236
Yamauchi (1997): "Arsenic, Exposure and Health Effects", (Chapman & Hall) Chapter 25, pp. 322-329. DOI: 10.1007/978-94-011-5864-0_25
検甲63（1998）：山内鑑定書，鑑定日1998年12月11日.

Yamato(1988)と山内鑑定書検甲63の「**正常値（100名）**」を比較すると，Yamato論文には3価無機ヒ素の検査項目がないのに，検甲63は3価無機ヒ素を検査したことになっている．Yamato(1988)は500ミリグラムの頭髪を分析したのに対して，林頭髪は50ミリグラムしか分析しなかったから，感度の違う分析値の比較は鑑定不正行為だ.

＊　　　　＊　　　　＊

Yamato論文の翌年出版されたYamauchi(1989)には，「**頭髪ヒ素の<u>コントロール値は聖マリアンナ医科大学ティーチングスタッフ100名から採取した．それぞれの数値は既報[8]で報告されている</u>**(...the control arsenic values in the hair, from 100 teaching staff at the same university. The respective values are reported in a previous paper[8]).」と書いてある．ここで文献8はYamato(1988)を指す．ただしYamato(1988)の数値そのままではなく，図表11のとおり総無機ヒ素0.06±0.03等と四捨五入されている．DMAAはYamato(1988)そのままの数値だ．「**コントロール値**」は次節で説明する.

＊　　　　＊　　　　＊

林真須美頭髪鑑定(1998)の前年に出版されたYamauchi(1997)の数値は Yamato(1988)とほぼ同じだが，DMAの数値だけがわずかに異なる．このわ ずかの違いについては第10章で論ずる．Yamauchi(1997)には正常値100名 の出典が書かれていないから，Yamatoの医学博士論文を盗用したことになる． 3価ヒ素はYamauchi(1997)の分析項目にもない．

＊　　　　　＊　　　　　＊

　検甲63の「**正常値（100名）**」の「**総無機砒素**」「**DMA**」「**全ヒ素**」という3 つの数値(図表10)は，Yamauchi(1989)の小数点以下第2位までの数値に，小 数点以下第3位として「0」を加えた数値と完全に一致する．

＊　　　　　＊　　　　　＊

　このように図表11に示した3論文と1鑑定書の数値を比較すると，検甲63 の「**正常値（100名）**」(図表10)は，Yamato(1988)の博士論文の数値を盗用して， 「**無機3価砒素量**」は分析項目になかったにも関わらず，「**不検出**」とねつ造・ 改ざんしたものだと判明する．

　整理すると，検甲63の「**正常値（100名）**」はYamato(1988)論文の数値に基 づいてはいるが，以下の(i)〜(iv)に列挙する4つの不正がある．

　(i)検甲63の「**正常値（100名）**」はYamato博士の医学博士論文からの盗用だ．

　(ii)Yamato(1988)は，「**無機3価砒素量**」As(Ⅲ)を分析しておらず，As(Ⅲ)＋ As(Ⅴ)という「**無機砒素総量**」だけを分析したから，検甲63の3価無機ヒ素を 「**不検出**」としたのは虚偽記載だ．分析していないから「未分析(分析しなかった， 検査項目にない)」と書くのが正しい．「**不検出**」は「分析したが検出しなかった」 ことを意味する．検甲63はYamato(1988)のねつ造・改ざんだ．

　(iii)Yamato(1988)は，頭髪500ミリグラムを分析したが，林頭髪は50ミリ グラムしか分析しなかった．頭髪50ミリグラムしか分析しない場合には，頭 髪500ミリグラムを分析した場合と比較して，十倍のヒ素が頭髪1グラム当た りに付着していなければ検出できない．詳しくは第10章で説明する．図表10 の林頭髪のすべての数値は，検出できるはずのない数値だったことがわかる． だから検甲63の林頭髪鑑定値はねつ造だ．

　(iv)図表10の正常値(100名)と林真須美頭髪の分析値とは，検出感度が10倍 異なる分析方法で得られた数値を，検出感度が異なることを隠して比較したこ とになる．これも極めて重大な鑑定不正だ．

＊　　　　　＊　　　　　＊

　(iii)については，第1次再審請求審の和歌山地裁時点では，私は気づいていな

第8章　正常値（100名）は，ねつ造，改ざん，盗用　**113**

かった．(iii)に気づいたのは，大阪高裁へ提出した意見書25(2017.9.24)を書いたころだ．(iii)に気づいた時の詳細は『冤罪白書2021』に書いたので，第10章で引用する．

(ii)を第1次再審請求審和歌山地裁へ「鑑定書補充書－頭髪鑑定」(2014.9.15新弁35)として指摘したところ，北里大学大学院山内博教授(当時)は，「**正常者（健常者）の頭髪中の無機三価ヒ素は山内事例では100名においても不検出のレベルであることが新たに確認され，的確に修正を行った**」(2014.12.12山内意見書pp.1-2)と反論した．

8.2. 山内教授の弁護に努める和歌山地裁浅見決定(2017)

前節の最後で引用した北里大学大学院山内博教授の意見書(2014.12.12)に対して，私は，1980年出版の山内論文(Industrial Health, 18, 203 (1980), DOI: 10.2486/indhealth.18.203)を示して，1980年の山内論文では<u>コントロール15人全員の頭髪から3価無機ヒ素が検出された</u>から，山内鑑定を使えば，誰でもカレーヒ素事件の犯人にできることになる．だから「**正常者（健常者）の頭髪中の無機三価ヒ素は山内事例では100名においても不検出のレベルであることが新たに確認され，的確に修正を行った**」という根拠を示すべきだ，と反論した(2015.12.26河合意見書11p.125新弁61)．

「コントロール」「健常者」「正常者」「正常値(100名)」などは，ヒ素工場などとは無縁の一般人のことだ．そういう一般人の頭髪からは，猛毒の3価無機ヒ素は検出されるはずがない．しかし本当に検出されないことを実験で確認する必要がある．それが研究論文で「コントロール」を分析する目的だ．しかし山内鑑定方法ではコントロール全員から3価無機ヒ素を検出した．最高裁那須判決(2009)は「**②被告人の頭髪からも高濃度の砒素が検出されており，その付着状況から被告人が亜砒酸等を取り扱っていたと推認できること**」(1.1節参照)が3つの死刑理由の理由②となったから，山内鑑定方法は死刑判決の根拠にできない．だから山内助教授はYamato(1988)の正常者100名の分析値を改ざんして，コントロールの頭髪の3価無機ヒ素を分析しても「**不検出**」だったとする虚偽の数値をねつ造して検甲63に掲載したのだ．

ところが，山内教授が弁護団に追い詰められて，もう，どうにも言い逃れできなくなったところで，浅見決定(2017)は，その証拠文書すら示すことなく，山内教授が「<u>日常的に行う頭髪中砒素濃度の検査で使用される参考値</u>」だ

と山内教授を弁護し，「**毛髪鑑定より約10年も前である平成元年に発表された Yamato 論文に掲載された正常値を改ざんしたものとは認められない．**」として再審請求を棄却した．

　Yamato(1988)論文を裁判所へ提出すれば，図表10の「**無機3価砒素量**」が「**不検出**」だとする山内鑑定書検甲63の虚偽記載を立証するには十分なはずだ．ところが，浅見決定(2017)は，Yamato(1988)は林真須美「**毛髪鑑定より約10年も前**」だとか，山内教授も主張しなかった「**参考値**」の存在を言い出して再審請求を棄却した．Yamato(1988)以外に，図表11の脚注に示した Yamauchi(1997)でも3価無機ヒ素は検査項目になかったから，この浅見決定(2017)は間違いだ．Yamauchi(1997)は林真須美鑑定のわずか1年前の論文だ．「**平成元年**」は1989年だが Yamato 論文は1988年(昭和63年)だから，裁判官は元号さえも間違えた．中井教授が鉛とヒ素とを区別できない趣旨の証言をした④48ミリの鑑定に対しても，浅見決定(2017)は有効だと間違えた(第5章)．浅見決定は間違いだらけだ．

　私が山内鑑定の虚偽をいくら指摘しても，後出しジャンケンのように，山内教授さえ主張しなかった理由を次々に繰り出して，山内教授を弁護し，再審請求を棄却したのが浅見決定(2017)だ．48ミリの判示も間違えた．元号も間違えた．

　これほどまでに浅見決定(2017)が山内教授を弁護するのは，第4章の「『悲素』における内山助教授の評価」(4.8節)と題する節で述べたとおり，九大医学部井上教授が山内助教授(当時)を「**砒素の分析では日本における第一人者であり，世界的にも有名であるなどと評価されている（第1審75回公判井上尚英証言29頁）．**」と証言したからだ．浅見決定(2017)が仮に間違っても，それは井上尚英教授の証言に責任がある，としたのが浅見決定(2017)だ．裁判官は責任を「**井上尚英証言**」に押し付けた．井上尚英教授は軽率なリップサービスの責任を負う覚悟をお持ちだろうか？

8.3. カレーヒ素事件の1年前の1997年の山内論文Yamauchi(1997)

　カレーヒ素事件前年に出版された Yamauchi(1997)は『Arsenic, Exposure and Health Effects』と題する書籍の第25章だ．この書籍は，ヒ素の健康影響に関する国際会議のプロシーディングス(議事録)を収録したハードカバーの書籍だ．この書籍の入手は難しかったが，京大にはこの書籍を持っている研究

者がいた．最近ではDOIから第25章を直接購入することも可能だ．この論文の末尾の文献リストにはYamato(1988)は引用されているが，Yamato(1988) has previously reported that MA and arsenobetaine are not detected in human hair.《大和(1988)はMAとアルセノベタインはヒトの頭髪からは検出されないと以前報告した.》(p.327)とあるのみで，図表11に示したYamauchi (1997)の数値の出典は何処にも示されていない．まるで「山内が日常的に行う頭髪中砒素濃度の検査で使用される参考値」のようにYamato(1988)を盗用した論文がYamauchi(1997)だ．

　このYamauchi(1997)には，1984年の「パーマコロジー」の実験を「ヒ素の化学形態分析の試料を準備するために，0.5gの頭髪あるいは0.5mℓの尿を3mℓの2規定水酸化ナトリウム溶液が含まれたポリプロピレン試験管に移し，95℃で3時間，ヒーティングブロックで温めた(To prepare samples for the speciation of arsenic, 0.5 g of hair or 0.5 m ℓ of urine were transferred into polypropylene tubes containing 3mℓ of 2N NaOH and heated in a heating block at 95 ℃ for 3 h.)」(pp.323-324)と説明してある．1984年の「パーマコロジー」の論文はガラス製試験管を使ったから「ポリプロピレン試験管」は改ざんだ．白楽ロックビル氏によると(Webで簡単に見つかる)，ねつ造，改ざん，盗用を合わせて「ネカト」と呼ぶそうだ．山内助教授は，Yamauchi(1997)を執筆する過程でネカトへの心理的敷居を低くしたからだろうか，翌1998年の林真須美頭髪鑑定書ではネカトを躊躇せず実行した．それが検甲63だ．

　Yamauchi(1997)は先述したとおり，ヒ素研究者の国際会議の議事録だ．国際会議の英文講演原稿とスライドの図とを合わせて議事録として出版したものだろう．各章が各1件の発表に対応している．世界中の主だったヒ素研究者が聞く講演で，ガラス製試験管を使ったと講演すれば，それだけで山内助教授の信用は失墜する．試験管の材質はどうしてもポリプロピレン製だと講演せざるをえなかったはずだ．

　山内教授は「パーマコロジー」の論文を西田弁護士に示されたうえで尋問され，「そこまでおっしゃらないでください.《ガラス製試験管からのヒ素の》コンタミネーションは否定はしませんよ，この1984年ですから.」(民事裁判第3回口頭弁論調書2020.2.14pp.14-15)とガラス製試験管を使ったことが誤分析の原因だったことを認めた．「コンタミネーション」とは「汚染」の英語だ．ガラスの製造工程では，ガラスに気泡が残るのを防ぐための消泡剤として亜ヒ酸を混ぜることが多い．だから，ヒ素分析に原子吸光法を使うようになってppb

レベルに高感度化した1970年代初頭以降は，1984年になっても依然として
「パーマコロジー」論文等で堂々とガラス製試験管を使ったと書いた山内教授
を除けば，ガラス器具をヒ素分析に使う分析者は皆無だった．誤分析の原因は
第11章で述べるように，まだ他にもいろいろある．

8.4. 裁判長の依願退官

　浅見健次郎裁判長が2021年6月30日付で裁判官を依願退官していたことを
新日本法規の裁判官検索サイトで知った．依願退官の3週間前(6月9日)に林
真須美の孫娘(16歳)が病院へ搬送後に死亡が確認され，真須美の長女(37歳)は
娘(4歳)を連れて関空連絡橋から飛び降りて自殺した．**「長女は高校卒業後，
看護学校へ進学したかったのだが，弟や妹のために働くことを選んだ．大阪に
出て，最初の1週間は野宿したという．アパレルメーカーに勤めて営業成績を
上げ，月に50万から100万円を稼ぐようになると，その年のクリスマスには，
次女にティファニーのネックレス，長男にゲーム機，三女には巨大なハムスタ
ーのぬいぐるみを贈った．」**(田中ひかる『*毒婦*』ビジネス社, 2018, pp.186–187)．
真須美の長女は逆境にくじけることなく，子どもたちの中で一番のしっかり者
だったと聞いた．自殺は殺人犯の娘とされたことに対する抗議の意味も強いは
ずだ．林真須美の長女と2人の孫娘が亡くなった2021年6月の月末に浅見裁
判長が依願退官したことは，私には偶然とは思えない．浅見裁判長が2017年
3月に再審開始を決定していたら，真須美の長女と2人の孫，合わせて3人の
痛ましい死を避けられたはずだ．裁判官は重い責任を持つから尊敬されてい
る．それを裏切ったのが「**毛髪鑑定より約10年も前である平成元年**」などと
元号さえも間違えた上に，山内助教授がYamato(1988)から盗用し続けてきた
「**正常値（100名）**」の数値を「**山内が日常的に行う頭髪中砒素濃度の検査で使
用される参考値**」などと何の根拠も示さず判示したことだ．山内研究室では，
3価無機ヒ素を誰も分析していなかった．3価無機ヒ素を分析しない理由は，
次章で取り上げる陸水論文(1984)とShraim論文(2001)に明確に書かれてい
た．
　Shraim(2001)論文に対する浅見決定(2017)は特にひどい(9.5節)．

第9章
山内鑑定の酸化還元

9.1. 「強い酸を用いて高温で加熱し酸化」

　山内教授が林真須美頭髪鑑定に用いた分析方法は，米国のBraman教授が
Science誌に発表した論文に倣ったものだ．そのBraman論文には，ジメチル
アルシンが正しく分析できない可能性があるとブラマン教授自身が書いた文章
がある．私がそれを「河合意見書13」(2016.2.28新弁64p.152)として和歌山地
裁へ指摘したところ，山内教授は大阪高検を通じて大阪高裁へ次のように書い
た「山内意見書」(2018.6.1検6)を提出した．

　　「河合氏は，Braman論文に『様々な水試料や尿中のジメチルアルシン
　を還元せずに低温捕集して検出しようとしたが成功しなかった《Attempts
　to detect dimethylarsine in various water samples and in urine by
　cold trapping without reduction were unsuccessful.(p.1248末尾)》．こ
　の化合物は酸化されやすい問題があるため，ジメチルアルシンそれ自体
　を検出しなければならない場合には間髪を入れずすぐ分析したほうがよ
　い《Since sensitivity to oxidation of this compound is a considerable
　problem, on-site environmental analysis may be required if
　dimethylarsine itself is to be detected.(p.1249冒頭)》』と書かれている
　から，Braman教授も1973年の論文において，すでにヒ素化合物の化学
　状態を保ったまま分析することが困難であることを論文で注意していると
　主張される．しかし，本来，ジメチルアルシン($(CH_3)_2As$)はガス状のヒ素
　であり，人の尿や毛髪に存在するジメチルアルシン酸($(CH_3)_2AsO_2H$)とは
　名称が似ているが，物性の異なる物質である．」「河合氏は，議論の対象で
　あるジメチルアルシン酸をジメチルアルシンと誤った上で，更にジメチル
　アルシンが無機ヒ素3価に生活環境において生成すると大きな間違いを論

じている.」「なお，ジメチルアルシンを硝酸，硫酸，過塩素酸など強い酸を用いて高温で加熱し酸化した場合は，無機ヒ素に変換するが，その場合でも無機ヒ素 5 価である.」(p.3)

　すなわち山内教授は，私が河合意見書13で「ジメチルアルシン酸をジメチルアルシンと誤った」り，「ジメチルアルシンが無機ヒ素 3 価に生活環境において生成すると大きな間違いを論じている.」と指摘した．上の引用で『2重かぎ括弧』で示した私の和訳の後ろにBraman 論文（Science誌, 182巻1247頁, DOI: 10.1126/science.182.4118.1247）の原文を《2重ブラケット》で示したから，わかる人には，間違えたのは山内教授であって，私は正しいとわかるが，裁判官にはわからなかったらしい.

　こういう専門家どうしの論争を化学の非専門家の裁判官が聞けば，「砒素の分析では日本における第一人者であり，世界的にも有名であるなどと評価されている」(4.8節) と九大井上尚英教授が山内助教授を高く評価したから，「河合氏は，……誤った上で，更に……大きな間違いを論じている.」とする山内意見書(検6)が正しいとする心証をもった蓋然性が高い.

　山内教授はジメチルアルシン $(CH_3)_2AsH$ の化学式を「$(CH_3)_2As$」と間違えている(Hが1個足りない).「ジメチルアルシン酸」は序章で説明したDMAAのことだ．和歌山地裁へ提出した「河合意見書13」では，Braman 論文の英文を併記したうえで，山内鑑定方法の間違いを指摘してあったから，英文をわかろうとする意志さえあれば裁判官たちにも私が正しいとわかったはずだ．しかし再審請求を棄却した．「井上尚英証言」の責任は極めて重い.

　ジメチルアルシンやジメチルアルシン酸は有機ヒ素化合物だが，頭髪中のppb レベルの微量な無機ヒ素は酸性で還元され，アルカリ性で酸化される.

　$pH < 1$ (酸性)なら，微量のヒ素は還元される：As (V)→As (III),

　$pH > 10$(アルカリ性)なら，微量のヒ素は酸化される：As (III)→As (V).

　ここでAs (III)は水溶液中の3価無機ヒ素，As (V)は5価無機ヒ素を意味する.

　酸と酸化はコトバが似ているし，金属は酸によって錆びる（＝酸化される）から，ヒ素も酸で酸化されると思う人は多い.「強い酸を用いて高温で加熱し酸化」という山内意見書(検6)はそこにつけ込んだものだ．あるいは酸と酸化とを山内教授は本当に混同しているのかもしれない．酸はacid, 酸化は

第9章　山内鑑定の酸化還元　**119**

oxidation だ．くりかえすが，頭髪が含む微量の無機ヒ素は酸性で還元され，アルカリ性で酸化される．

9.2. 陸水論文（1984）

　山内助教授は，まさに林頭髪鑑定手順そのものを用いて，土呂久鉱山坑内水，河川，井戸水，温泉などの陸水中のヒ素分析を行ない，「井戸水と市販のミネラルウォーター（鉱泉水）を NaOH で分解しないで測定《直接法》すると，それぞれの検水から As (Ⅲ)と As (Ⅴ)が検出された．たとえば青森県三戸地区の井戸水では，As (Ⅲ)と As (Ⅴ)を足した無機砒素濃度は平均0.58ngAs/mℓであった．しかし，同一の検体を NaOH で分解して測定《NaOH 分解法》すると無機砒素濃度は平均12.0ngAs/mℓと約20倍に増加した．ミネラルウォーターもNaOH で分解して測定すると，無機砒素濃度は約10倍に増加した（表6《省略》）．さらに，土呂久鉱山周辺の湧水中無機砒素濃度も同様な傾向が示された（表2《省略》）．」（p.360右）と，山内博，山村行夫，原子昭：陸水中砒素の化学形態，日本公衆衛生雑誌，31，357–362（1984）という論文に書いた．

　この論文は，国立情報学研究所の日本公衆衛生雑誌の Web〔https://cir.nii.ac.jp/crid/1520572359282710016〕には，著者名と論文題目は掲載されているが，論文自体は Web にないので，この論文の入手には手間取った．私は京大工学部と医学部の2つの図書室の司書の助けを借りて入手できた．

　この陸水論文で注目すべき点は「NaOH で分解して測定すると無機砒素濃度は平均12.0 ngAs/mℓと約20倍に増加した」（p.360右）と書いてあることだ．この論文には，「NaOH 分解試料」は「無機砒素（As(Ⅲ)＋As(Ⅴ)），MAA，DMAA，TMA 濃度がそれぞれ正確に求められる．」（p.357右）と書いてある．一方でNaOH を使わない直接法「は As (Ⅲ)，As (Ⅴ)，メチルアルソン酸（MAA），ジメチルアルシン酸（DMAA），トリメチル砒素化合物（TMA）が測定できる．」（p.357右)と書いてある．水酸化ナトリウム水溶液を使わない直接法では，3価と5価の無機ヒ素濃度を個別に定量できるが，水酸化ナトリウム水溶液で分解すると3価と5価の無機ヒ素濃度は個別に定量できないという趣旨の結論だ．

　直接法を使うか NaOH 分解法を使うかという，2つの分析手順の違いによって，同一検体の無機ヒ素濃度が10倍にも20倍にも変化することが陸水論文には書かれている．回収率で言えば1000％や2000％に相当する．NaOH 分解試料「からは，無機砒素（As(Ⅲ)＋As(Ⅴ)），MAA，DMAA，TMA 濃度がそれぞ

れ正確に求められる.」と断定し,「**検水はいかなる状態でもNaOHで分解した後に測定することが必要と判断された.**」(p.361)と結論して,この論文以降も,山内助教授はNaOH分解法を使い続けた.ただし,1984年のこの陸水論文を境にして,山内助教授は「**超低温捕集-還元気化-原子吸光光度計**」では,3価無機ヒ素を分析項目から外した.陸水論文(1984)以前の山内論文では,3価無機ヒ素が検査項目にあった.「**原因を明確に示すことはできない**」(p.361)と言いながら,NaOH分解法では3価無機ヒ素を正しく定量できない何らかの理由に山内助教授は気づいたのだ.こんな分析方法は,死刑理由にはできない.

＊　　　　　＊　　　　　＊

ここまで本書を読んできた読者なら,NaOHで分解するとヒ素濃度が10倍にも20倍にもなった理由は,ガラス製試験管が消泡剤として含む亜ヒ酸を検出したからだと推理できたはずだ.「**NaOH分解試料:検水2mℓを共栓付試験管にとり,2N-NaOH 2mℓを加えて,湯浴中で3時間加熱(液温85℃)する.**」(p.357).ガラス製試験管に,陸水とNaOH水溶液を混ぜて85℃で3時間も煮ると,ガラス製造時に消泡剤として混ぜた亜ヒ酸が溶出する.本書の読者の大部分でも気づくはずのヒ素分析の間違いを「**ヒ素の分析では日本で第一人者ですし,世界的にも有名な方**」(75回p.29)は気づかず,逆にNaOH分解法を使うという間違った選択をした.

山内助教授は,NaOH分解法は用いるが,3価無機ヒ素の個別分析を中止した.NaOHを使わない直接法の方が,NaOH分解法より正しい結果が得られたはずだ.しかし,山内助教授は1984年に,理由を述べることなく,間違ったNaOH分解法を選択し,1998年の林真須美頭髪鑑定ではそのNaOH分解法で3価無機ヒ素の定量を行なった.「パーマコロジー」論文を投稿したのは1983年9月だった.山内教授が3価と5価ヒ素の個別分析を始めたのは,1979年の論文だから,3価5価個別分析をしていたのは,せいぜい5年間だ.1983年9月頃にNaOH分解試料では3価無機ヒ素が正しく分析できない何らかの原因に山内助教授は気づいたようだが,1985年出版の論文までガラス製試験管を使い続けた.

＊　　　　　＊　　　　　＊

陸水論文までは,pH3.5は,3価無機ヒ素を分析するためのpHだった.それが「パーマコロジー」の論文からは,西田弁護士が指摘したように「**DMAAとTMAを測定するため**」のpHになった(第6章).3価無機ヒ素を検査項目か

第9章　山内鑑定の酸化還元 **121**

ら除外した最初の英語論文が1984年出版の「パーマコロジー」だった.

　3価と5価無機ヒ素を個別分析しないなら，そもそも2段階のpHを使う意味はない. pH < 1で1回分析するだけでよい. ところが「パーマコロジー」では，「**無機ヒ素とMAAの測定のために，反応液は10%のシュウ酸溶液でpH 1－1.5に調整した. DMAAとTMAを測定するために，反応液は10%のフタル酸水素カリウム液でpH3.5に調整した.**」と2段階のpHを使った. 山内助教授がpHの意味を理解しないことは明らかだ. 単にBraman論文のレシピを真似たに過ぎない.

　1984年の陸水論文以後，1998年の林頭髪鑑定(検甲63)までの15年間，山内助教授が3価無機ヒ素を分析した論文は存在しない. 1998年の林頭髪鑑定書(検甲63)の後なら3価無機ヒ素を分析した論文が山内教授には2報ある. 一つは2001年にHPLC–ICPMS(高速液体クロマトグラフ・プラズマ質量分析)という新しい装置を用いて頭髪のヒ素を分析した国立環境研究所の2名のヒ素研究者(A. Shraim, 平野靖史郎)との共著論文だ. 本書ではShraim(2001)と呼ぶ. 次節で詳しく説明する.

　もう一つの論文は臨床環境医学誌, 17巻47–53頁(2008)掲載の温泉水を分析した論文だ. この論文はWeb〔http://jsce-ac.umin.jp/200725/jsce06.html〕で全文が読める. 2000年代になって市販された装置を用いて温泉水のAs(Ⅲ)とAs(Ⅴ)を個別分析した論文だ. この装置は市販後しばらくして製造中止になった. その理由をメーカーに問い合わせたが教えてもらえなかった. この論文には温泉水の長期飲泉「**の習慣や食材への利用の増加は，ヒトの発癌に関する生涯リスクの増加因子になりうる事実の認識を理解すべきと考える.**」と書いてあるから，論文の著者にとっては，3価・5価ヒ素の分別定量の正確さは重要ではなく，単にヒ素を含む温泉水の長期飲泉は発癌リスクを高めると言いたかっただけのようだ. しかし発癌因子になることは土呂久鉱害裁判のころから明らかだった.

　山内教授はかつて土呂久鉱害裁判で，亜ヒ酸As(Ⅲ)は体内で速やかにAs(Ⅴ)へと酸化されて無毒化し，速やかに排泄され体内から消失するから発癌因子にならないという趣旨を，鉱山側証人として証言した(『鑑定不正』p.137). 土呂久の水を1回や2回飲むだけなら，速やかに体外へ排泄されるから発癌因子にならないかもしれない. しかし土呂久に住んで井戸水を使い続ければ，たとえその日のヒ素が速やかに排泄されても，ヒ素は慢性的に体内に存在し続ける. 土呂久裁判の裁判長は「**証人山内の証言は採用しがたい**」と山内証言のウソを見

抜いた．民事裁判だ．

9.3. Shraim論文（2001）

　前節で言及した2001年のShraim, Hirano, Yamauchi 共著論文を以下では
Shraim(2001)と呼ぶ．Shraim(2001)は，本書で「パーマコロジー」と呼んで
きた論文に言及している．「1984年の山内論文《パーマコロジーのこと》で
は3価と5価ヒ素を個別に報告することは不可能だったので，かわりに無機
ヒ素濃度値だけを報告した．(As(Ⅲ) and As(V) could not be reported separately
in this article and instead a value for inorganic arsenic〔In-As〕was provided.)」
(pp.i1730–i1731)．

　別のページには「我々の初期の研究（結果は示さない）と著者（2001年の聖
マリアンナ大学山内）との私的な連絡とは，これらの実験条件でAs(Ⅲ)の一部
がAs(V)に酸化されることを示唆した．(Our initial investigations〔results not
shown〕and personal communication with the author〔H. Yamauchi, St. Marianna
University, 2001〕suggested that some of the As(Ⅲ) is oxidized to As(V) under these
experimental conditions.)」(p.i1731) と書かれている．ここでunder these
experimental conditions とは「パーマコロジー」の実験条件を指す．

　「アルシン生成－液体窒素トラップ－原子吸光分光技術を使用してヒ素を定
量する場合，採用された実験条件下ではAs(Ⅲ)とAs(V)を区別できない．(the
use of arsine generation-liquid nitrogen trapping–AAS technique to quantify the
arsenic, which under the adopted experimental conditions, can not differentiate
between As(Ⅲ) and As(V).)」(p.i1731) とも書かれている．

　「パーマコロジー」の論文等で用いた山内鑑定「方法は，アルカリ分解（濃度
2規定のNaOH水溶液）を85〜110℃で3時間行なう．我々はこの方法を試して
みたところ，亜ヒ酸As(Ⅲ)の大部分が酸化されてヒ酸As(V)になることがわかっ
た．(This method utilizes alkaline digestion〔2N NaOH〕at 85-110℃ for 3 hours.
We have tested this methods and found that most of the arsenite is oxidized to
arsenate as a results of this alkaline digestion.) (p.i1729) と結論されている．

　現在カタール大学のAmjad Shraim 教授はパレスチナ出身で，オーストラ
リア・クイーンズランド大学で博士号を取得した環境中のヒ素研究で有名な研
究者だ．Shraim 論文執筆当時，つくば市にある国立環境研究所に所属してい
た．Shraim(2001)論文は，2001年8月に早稲田大学で開催された日本分析化

学会主催の「Analytical Sciences 国際会議(ICAS–2001)」のプロシーディングス(議事録)に収録されている(A. Shraim, S. Hirano, H. Yamauchi: Extraction and Speciation of Arsenic in Hair Using HPLC–ICPMS, Analytical Sciences, 17, Suppl. i1729-i1732 (2001). DOI: 10.14891/analscisp.17icas.0.i1729.0 から誰でも無料でダウンロードできる).

　山内鑑定方法では3価無機ヒ素を正しく分析できないことが,Shraim (2001)では理由も含めて上のように繰り返し述べられている.Shraim(2001)は,国立環境研のHPLC–ICPMS装置を使えば,アルカリ溶解を使わないので,頭髪に含まれる3価無機ヒ素を正確に分析できることを報告した論文だ.

　「パーマコロジー」の方法では3価無機ヒ素を正しく分析できない理由を書いた山内論文は,Shraim(2001)以外に存在しない.

　頭髪をアルカリ溶解する実験操作手順では,3価無機ヒ素を正しく分析できない理由がShraim(2001)には明確に書かれている.それを林頭髪分析で説明すれば,3価無機ヒ素が林真須美頭髪に付着していたとしても,**「アルカリ分解(2N NaOH)を85～110℃で3時間行なう」**間に**「亜ヒ酸As (Ⅲ)の大部分が酸化されてヒ酸As (Ⅴ)になる」**から**「As (Ⅲ)とAs (Ⅴ)を区別できない」**.

　本節の要点をまとめる.

　山内の**「超低温捕集－還元気化－原子吸光光度計」**では,頭髪のアルカリ溶解の間に**「As (Ⅲ)の一部が As (Ⅴ)に酸化されることを示唆した」**(仮説)ので詳しく実験研究してみたところ**「亜ヒ酸As (Ⅲ)の大部分が酸化されてヒ酸As (Ⅴ)になることがわかった」**と結論したのがShraim(2001)論文だ.

　As (Ⅲ)がアルカリ性でAs (Ⅴ)に酸化されることは,Shraim(2001)論文で初めてわかったことではない.シャルロー『定性分析化学Ⅱ』(共立出版, 1974, 新弁126)にはAs (Ⅲ)が「pH >10ではかなり速やかに酸化」(p.413)されると書いてある(2017.11.23河合意見書30新弁124p.241).フランス語の原書ではなく共立全書(1974)の和訳コピーを大阪高裁へ提出してあった.クイーンズランド大学のShraim博士論文(1999)を取り寄せて読んでみると,"reducing As (Ⅴ) to As (Ⅲ) by using potassium iodide (0.1 %) in 5 M HCl." という事実が1986年のアンダーソンらの論文に書いてあると記載してあった(p.74).

9.4.「回答に先がけて断っておく」

Shraim(2001)論文の存在を指摘したところ,**「回答に先がけて断っておくが,**

河合氏の引用するShraim論文には，Shraimと私が共著と記載されているが，この論文作成に私は参加していない．そして，投稿に際しての承諾や内容の確認など無く，論文内容には私の学術的なヒ素学の知見と矛盾する記載も見られ，上記論文の内容は信用性が低い．」（2018山内意見書検6 pp.3-4）とする意見書を山内教授は大阪高裁へ提出した．

　ところが聖マリアンナ医科大学山内博（研究代表者）による2001～2002年度の「中国における慢性砒素中毒の改善と予防対策に関する研究」と題する総額1020万円の科学研究費基盤研究(B)(研究課題番号13576018)の実績報告書には，研究成果として，Shraim(2001)論文がリストされている．科研費の実績報告書はWeb〔https://kaken.nii.ac.jp/ja/grant/KAKENHI-PROJECT-13576018/〕で公開されている．

　当時，科研費によって研究した研究者は，年度末に実績報告書を提出したから，研究代表者の山内助教授が所属大学を通じて届出なければ，実績報告書の業績リストにその論文が掲載されることがないのを科研費受給代表者は誰でも知っているはずだ．Shraim論文(2001)の共著者Shraim, Hirano, Yamauchi 3人のうち，ShraimとHiranoはこの科研費の共同研究者ではないことも実績報告書からわかる．Shraimや平野のような第三者が科研費報告書を勝手に提出することはできない．

＊　　　　＊　　　　＊

　共著者のAmjad Shraimと平野靖史郎は共にヒ素研究者として山内教授よりもずっと有名だ．2018年6月1日付山内意見書(検6)の「河合氏の引用するShraim論文には，Shraimと私が共著と記載されているが，この論文作成に私は参加していない．」は本当だろうか？　「論文作成に私は参加していない」とは微妙な言い方だ．英文は書いていないという意味にもとれるし，試料を提供しただけだという意味にもとれる．共著論文とすることにさえ同意していないともとれる．こういう意見書こそ，裁判で詳しく尋問すべきはずだ．

　山内意見書検6のウソは科研費の実績報告書でバレている．

9.5. 研究前の予想と研究結果とを取り違えた浅見決定（2017）と樋口決定（2020）

　「回答に先がけて断っておく」という山内意見書(2018.6.1検6)を1年2か月さかのぼる浅見決定(2017)は，「また，新弁62《河合意見書12》によれば，

山内が共著者の1人となって平成23年《平成13年，2001年の間違い》に発表された『Extraction and Speciation of Arsenic in Hair Using HPLC-ICPMS』と題する論文《Shraim(2001)》には，山内が毛髪鑑定で採用した超低温捕集－還元気化－原子吸光法では，頭髪中の砒素について3価砒素が5価砒素に部分的に酸化される旨指摘されている．しかし，前記論文《Shraim(2001)》によっても，超低温捕集－還元気化－原子吸光法により頭髪中砒素濃度を分析する際に頭髪中の5価砒素が3価砒素に還元されることはないのであって，毛髪鑑定において請求人の右側前頭部に付着していた3価砒素の一部が5価砒素に酸化されたために3価砒素の濃度が実態よりも低く計測された可能性があったにすぎないから，一般人の毛髪からは検出されない3価砒素が請求人の頭髪から検出されたとする毛髪鑑定の信用性が減殺されることはない．したがって，この点に関する河合毛髪論文等⑦の指摘は理由がない．」(pp.128-129)と判示した．浅見決定(2017)は全文193ページだが，ここで引用した128ページの終わりから129ページにかけた短い部分に限っても，重大な間違いが2つある．

＊　　　　＊　　　　＊

　第1の間違いは，「頭髪中の5価砒素が3価砒素に還元される」ことはShraim(2001)論文のどこにも書いてないから，「頭髪中の5価砒素に還元されることはない」と判示したことだ．一言でいえば，「還元気化」という名前の分析方法だから，還元は当然だ．その当然の事実を「頭髪中の5価砒素が3価砒素に還元されることはない」と判示したのが浅見決定(2017)だ．

　As(V)をまずAs(Ⅲ)に還元しなければ「超低温捕集－還元気化－原子吸光法」では，ヒ素を検出できないことは化学の常識だ．だからShraim(2001)論文には，「5価砒素が3価砒素に還元される」とは一々書いてないのだ．だいたい「還元気化」という名前の分析方法だから，ヒ素を還元することは文字どおり書く必要さえない．

　常識的なことが論文に書いてないからとして「超低温捕集－還元気化－原子吸光法により頭髪中砒素濃度を分析する際に頭髪中の5価砒素が3価砒素に還元されることはない」とその常識を否定したのが浅見決定(2017)だ．

＊　　　　＊　　　　＊

　「3価砒素の一部が5価砒素に酸化されたために3価砒素の濃度が実態よりも低く計測された可能性があったにすぎないから，一般人の毛髪からは検出されない3価砒素が請求人の頭髪から検出されたとする毛髪鑑定の信用性が減殺されることはない．」も間違いだ．これが第2の間違いだ．

ここで引用した「3価砒素の一部が5価砒素に酸化された」という浅見決定（2017）のこの文章は，研究に着手する前に，論文共著者間で検討したところ「As (Ⅲ)の一部がAs (Ⅴ)に酸化されることを示唆した」（p.i1731）という文章だ．

浅見決定（2017）が「新弁62」（p.128）と引用する河合意見書12に引用したShraim（2001）の英文とその和訳を読めば，Shraim（2001）論文の研究着手前に共同研究者間で私信（personal communication）をやり取りしている段階では「3価砒素の一部が5価砒素に酸化」すると予想していたが，様々な実験の結果判明した事実は「アルカリ分解の結果，亜ヒ酸As (Ⅲ)の大部分が酸化されてヒ酸As (Ⅴ)になることがわかった」（p.i1729）という時系列が理解できたはずだ．これこそが，Shraim論文の結論だ．したがって「3価砒素の一部が5価砒素に酸化されたために3価砒素の濃度が実態よりも低く計測された可能性があったにすぎないから，一般人の毛髪からは検出されない3価砒素が請求人の頭髪から検出されたとする毛髪鑑定の信用性が減殺されることはない．」という浅見決定（2017）は，Shraim論文の実験前の予想と結論とを逆転させた判示だ．3人の和歌山地裁裁判官は，いったいどういう日本語理解力なのだろうかと思う．

*　　　　*　　　　*

即時抗告した大阪高裁へは河合意見書25（2017.9.24新弁108）と同時にShraim原論文と支援者の訳文とを新弁115として弁護団は提出した．大阪高裁樋口裕晃裁判長らは即時抗告棄却決定（2020.3.24）において，林頭髪中のヒ素について，山内鑑定では「上記論文《Shraim（2001）》において，この論文の作成に山内が参加した《か》どうかの点は当審に提出された山内の意見書（当審検6）に照らし，ひとまず措くとしても，山内鑑定に用いられた超低温捕集－還元気化－原子吸光法では，頭髪中の砒素について3価砒素が5価砒素に部分的に酸化される旨指摘されているにとどまり，5価砒素が3価砒素に還元される旨の指摘はされていないことは，原《浅見》決定が指摘するとおりである．」「頭髪中砒素濃度を分析する際に頭髪中の5価砒素が3価砒素に還元されることはなく」「一般人の毛髪からは検出されない3価砒素が請求人の頭髪から検出されたとする毛髪鑑定の信用性が減殺されることはない」（pp.47-48）と判示した．

「還元される旨の指摘はされていないことは，原決定が指摘するとおりである」という樋口決定（2020）は，隣席の間違えた答案をカンニングして，落第した学生と同じだ．

第9章　山内鑑定の酸化還元　**127**

山内鑑定の名称は「超低温捕集−還元気化−原子吸光光度計」だ．「還元気化」なのに「還元される旨の指摘はされていない」という判示だ．山内鑑定書検甲63には「この時の還元用の反応液は10%シュウ酸溶液(pH1.5)30mℓを用いた」「砒素の還元用の反応液は10% フタル酸カリウム (pH3.5) 30mℓを用いた」とも書いてある．3人の大阪高裁裁判官全員が日本語を理解できなかったから，樋口決定が間違ったと考えるよりほかない．それとも樋口決定は，弁護団が提出した文書を調べることなく，浅見決定(2017)を本当にカンニングしてしまったのだろうか？

*　　　　*　　　　*

「還元気化」分析方法では，その名前のとおりヒ素を還元することは常識だ．ところがそれが本文に書いてないからと言う理由で「還元気化」という名前の分析方法では，ヒ素が「還元される旨の指摘はされていない」「5価砒素が3価砒素に還元されることはない」と判示したのが和歌山地裁と大阪高裁の合計6名(和歌山地裁裁判長裁判官浅見健次郎, 裁判官田中良武, 藤田洋祐；大阪高裁裁判長裁判官樋口裕晃, 裁判官森岡孝介, 柴田厚司)の裁判官だった．この6名の裁判官の誰一人として，「還元」という名前のヒ素分析方法であるにもかかわらず「還元される旨の指摘はされていない」という決定を書いていて論理的におかしいとは思わなかったのだろうか？　日本語を理解できない人たちが日本では裁判官の職に就いている．

カレーヒ素事件裁判は，期せずして，6人の裁判官の日本語試験になった．私は今，本書を書いていて，できの悪い学生のレポートを採点している気分になってきた．京大工学部在職中にこんなにできの悪い学生はいなかった．裁判所の外は，もっとまともだ．

9.6. 山内意見書の反論

亜ヒ酸が頭髪に付着しても洗髪すれば，石ケンやシャンプーはアルカリ性だからヒ素は3価にとどまることはなく，アルカリ溶液に溶解されると同時に5価に酸化される．水酸化ナトリウム水溶液中で頭髪を加熱溶解すればヒ素は5価に酸化される．山内鑑定書検甲63にあるpH3.5(酸性)にすると，ヒ素は一部3価に還元される．だから山内鑑定手法では3価ヒ素は定量できない．

ところが，北里大学大学院医療系研究科山内博教授は，「**三価ヒ素の酸化の速度については，これを計測したデータは存在しないが，仮に，三価のヒ素の**

結晶が約1ヶ月で酸化するとすれば，例えば，化学試薬（亜ヒ酸，三酸化二ヒ素，メルク社製，純度99.9%）や産業用に使用する亜ヒ酸の化学的性質は保たれることなく使用に耐えないことになることから，酸化の速度が年単位になることは容易に推測できる．

今回林の頭髪に付着したのは，三価のヒ素の結晶と考えられる．そもそもヒ素は難溶性であり，水にきわめて溶けにくい性質を有していて，頭髪中のケラチンと強固に結合した三価ヒ素がイオン化するには相当の期間を要することは十分に考えられる．

したがって，山内鑑定の結果のように，林の右側前頭部の頭髪から，鑑定を実施した平成10《1998》年12月時点で例えば頭髪に付着して5ヶ月以上経過した三価のヒ素が五価のヒ素に酸化されていない状態で一部残っていたとしても何ら不自然なことではない．」（2014.12.12山内意見書p.2）と反論した．

北里大学教授がこんなに偉そうなウソの意見書を堂々と書いて裁判所へ提出したことは広く知ってもらうべきだと思う．「九州大学医学部衛生学講座教授井上尚英」のお墨付きがあったからだ．山内教授はカレーヒ素事件では，ウソのつき放題だった．田口判決（2022）までの刑事裁判では，こんなひどい山内意見書が正しいとされてきたのだ．瓶入り亜ヒ酸が何年も変質しないから，頭髪に付着した亜ヒ酸も酸化も還元もされないというのだ．しかもそれを指摘した私は「被告山内が実際にどのように砒素を測定するかについては認識していない」と判示された（10.1節）．

第10章
山内鑑定の検出下限

10.1. 河合教授はどのように砒素を測定するかについては認識していない

　民事裁判田口判決(2022)には次のように変わった判示があった．数字が多いからアンダーライン部をざっと読めば十分だろう．

> 「(イ)原告《林真須美》は，３価砒素の検出数値が検出限界を超えていない,すなわち,被告山内が,砒素の検出限界を1mL 当たり0.5ng（0.0005μg）と述べていることからすれば（甲106・11, 12頁），被告山内鑑定（検液32mL,頭髪50mg）における検出限界は，0.32μg / 頭髪1g であり，同鑑定内の数値は検出限界を超えていない旨主張する．
> 　しかし，河合教授は，上記検出限界については，通常500mg の頭髪を分析しているにもかかわらず，50mg の頭髪では，感度が10倍悪くなることを主眼として指摘しているとも考えられる上（証人河合〔第２回32頁〕），河合教授は，超低温捕集−還元気化−原子吸光光度計によって毛髪中の砒素の濃度を測定した経験はなく，被告山内が実際にどのように砒素を測定するかについては認識していない（証人河合〔第3回19頁,同第6回48頁〕）などの事情を踏まえると，被告山内鑑定において採用された超低温捕集−還元気化−原子吸光光度計における検出限界（検出下限値）に係る原告主張の正当性は明らかとは言い難く，被告山内が検出限界を超えていない数値を計測したとは認めるに足りない．」（pp.36–37）

　どんな裁判でも無謬の判決は有り得ない．何がしかの間違いはある．正しい部分もある．田口判決(2022)では，山内鑑定は検出下限に達しておらず，ヒ素は検出できなかったとする河合の指摘を棄却した部分が，経験しなければ認

130

識できないという奇妙な論理で書かれている．浅見決定(2017)についても本書ではその間違いを多く指摘したが，一方で，住友金属鉱山製亜ヒ酸25缶の中井鑑定(検甲1300)に基づき，中井鑑定には亜ヒ酸の異同識別能力がなかったことを明確に判示した部分(『鑑定不正』p.12)もある．

　上で引用した田口判決(2022)のpp.36-37の判示は弁論の更新(2021.9.14)の際に，若い裁判官が「結局」とか「協力」とか「関与」とか「なので」「なので」とくり返して私から何か言質をとりたかったらしく，裁判官らしからぬ尋問を始めた．田口裁判長さえもこの若い裁判官の尋問に割って入って「鑑定不正ということで，今日の証言でも，複数にわたり問題点を指摘されてると思うんですけれども，幾つかある鑑定不正として，証人が指摘されているもののうち，最も重大なものとしては，どれを指摘しますか．あるいは，もう比べ物にならないぐらい全部同レベルで，重大だという答えもあると思うのですが．」(第6回48頁, 2021.9.14)と聞いた．どうやら裁判長も山内鑑定が「もう比べ物にならないぐらい全部同レベルで」ひどいと感じていたらしい．「ふだん分析している500mgという頭髪量ではなくて，50mgの頭髪を分析したので，検出感度に達していなかったということを，鑑定書に架空の数値を書いて鑑定書を提出したと．中井鑑定人はそれを見て，ヒ素のピークだと称して，鉛のピークを示して鑑定書《検甲1232》に示したということまで分かっています．それがひどいことということですね．」(pp.50-51)と私は証言した．ところが「最も重大」だと指摘したこの証言への判示が「河合教授は，超低温捕集－還元気化－原子吸光光度計によって毛髪中の砒素の濃度を測定した経験はなく，被告山内が実際にどのように砒素を測定するかについては認識していない」だった．

　被告山内中井代理人の末永久美子弁護士は第6回48頁で「河合先生は，山内先生が使われている公式《方式》，つまり超低温捕集－還元気化－原子吸光光度計の方法で，毛髪中のヒ素の濃度を測定したことはありますか」と聞いたので，私は「ありません．」と答えた．それが「認識していない」という判示になった．末永弁護士の「公式」は《方式》の誤記のはずだから私が《方式》を挿入した．誤記に対する証言をもとに田口判決(2022)は「河合教授は……認識していない」と判示した．

　第6章以降を費やして説明してきたように，「山内先生が使われている公式」はゴマカシだらけだ．私が分析化学研究者として「公式」によってヒ素分析をした経験があるなら，それはすなわち，私がインチキ分析化学者だということになる．だからこの田口判示は「国語」が間違っている．山内鑑定がインチキ

だと河合が認識しているから「山内先生が使われている公式」では「毛髪中の砒素の濃度を測定」しないのだ．頭髪分析やヒ素分析の論文は私も出版したことがある．正しい分析方法を使った論文だ．中井教授のように鉛をヒ素に間違えたかスリカエた論文ではない．検出下限に達しないDMAの分析精度が良すぎたり（次章で取り上げる），回収率が1000％や2000％になったり（9.2節），ガラス製試験管を使ったり，ガラス製試験管を使わなくても回収率が600％だったり（11.2節），DMAAとTMAを測定する「公式」で無機の3価ヒ素を検出したり（第6章），ガラス製試験管が消泡剤として含む亜ヒ酸を「公式」で誤検出した結果，頭髪をシャンプーで洗ってもヒ素が落ちないなどという論文を書いたり（4.6節），As（Ⅲ）をアルカリ溶解してAs（V）に酸化させて分析したり（Shraim論文の指摘），不適切なpH3.5でAs（V）をAs（Ⅲ）に還元して分析したり（7.2節），という経験が私にはないのだ．そういうインチキ鑑定の経験がないのは，本来は，高く評価されるべきことだ．

　ところが田口判決（2022）は私を貶めた．世界中の普通の分析研究者なら，「山内先生の機械で実際にどうやって砒素を検出するのか」手順を聞けばそれが間違いだとわかる．Shraim教授も自身の博士論文執筆中に「パーマコロジー」を読んで「公式」の間違いに気づいたから，山内の「公式」を使わないのだ．法医学者も笑う鑑定だ（4.4節）．

　私は蛍光X線，原子吸光，プラズマ分光などを対象とするヨーロッパの学術専門誌「Spectrochimica Acta Part B: Atomic Spectroscopy」誌のEditorial Advisory Board（EAB）を1991年から2021年12月まで31年務めたから「被告山内が実際にどのように砒素を測定」したか，山内・中井鑑定のごまかしが理解できた．

　1993年英国York大学の国際分光学会議の会期中に行なわれたSpectrochimica Acta誌のEABミーティングに初めて出席したときのことはよく覚えている．35歳だった．京大に赴任して半年後だった．直前の分光学会議のセッションが伸びて，20人ほどのEAB会議室に少し遅れて入ると，ちょうど1席空いていたのでそこに座った．会議が突然静まった．全員が私を見た．君は部屋を間違えていないか？　と誰かが私に聞いた．私が自分の名前を告げると，新EABメンバーだとわかってもらえた．会議室にいたのは原子吸光やICP-AESで世界的に著名な人ばかりだった．小説『悲素』で「内山助教授」が発明したことになっているのが原子吸光だ．EABの座長はICPで世界的に著名なBoumans博士だとすぐわかった．と同時に耳が聞こえないこ

とを初めて知った．誰かが発言すると隣の女性が紙に書いて見せていた．本書でフランス製プラズマ分析装置(2.9節)や「**セイコーインスツルメンツ社製のICP-AES**」(4.1節)に言及したが，Boumans 博士は当時ICP のトップを走る研究者だった．X 線の専門家は私だけだった．York 大学の学生が間違って入室したと思われたのだろう．1991 年にSpectrochimica Acta 誌に新EAB メンバーとして掲載された自分の顔写真をいま見ると，たしかに学生に間違えられてもおかしくない童顔だ．日本人EAB は東大教授などすべて教授だったが，過去の議事録を読むと日本人は発言していない．私はこの時，京大助手だった．Spectrochimica Acta 誌にフロッピーディスクの付録をつけて電子化する議題だったから私も少し発言した．この時の欧州出張では，翌週のハンガリーのバラトン湖畔の国際会議にも出席した．バラトン湖からブダペストまで一人で旅する私を心配してくれたらしく，列車のコンパートメントには，デブレツェンの原子研究所所長が同乗してくれた．ブダペストで列車を乗り換えてデブレツェンまで行き，翌週はX 線国際会議で招待講演した．この招待講演依頼状はコンパートメントに同乗した研究所長から届いていた．バラトン湖畔の会議は日本化学会発行の「化学と工業」誌で報告した(47巻9号1191頁1994年)．York の国際分光学会議では講演直後に英国王立化学会発行のAnalyst 誌の編集者から依頼されて講演のプロシーディングス論文を出版した(DOI: 10.1039/AN9941900601)．

　「リンゴ2 個とリンゴ3 個を食べると全部で何個のリンゴを食べたことになりますか？」という算数の問題を解くのに実際にリンゴを食べる必要はない．リンゴがトマトに変わったら，河合はトマトを食べた経験はないから5 個という「**数値を計測したとは認めるに足りない**」と判示したのが田口判決(2022)だ．「**検出限界(検出下限値)**」はどの分析方法にも共通する分析化学の最重要概念だ．「**経験**」を「**認識**」に言い換えるとは奇妙な判決だ．

　だいたい，山内教授でさえも1985 年以降は「**公式**」を使っていなかった．「**公式**」でヒ素を分析している人は世界中どこを探してもいない．1985 年以降「**公式**」を使ったのは，山内助教授が林真須美頭髪を鑑定したときだけだ．それとても本当に実験したかどうか怪しいものだ．山内「**公式**」で「**毛髪中のヒ素の濃度を測定したことはありますか**」という末永弁護士の尋問に「ある」と答えられるのはせいぜい山内教授だけだ．だから，その経験がないから認識していないとする田口判決は間違いだ．正しく認識している研究者は，山内「**公式**」では分析しない．

10.2. 山内鑑定が検出下限に達していないことに最初に気づいたのは河合ではない

　弁論の更新（2021.9.14）の10日前に，その秋出版予定の『冤罪白書2021』の原稿を出版社へ送った（2021.9.4）．その原稿内容を証言したのが前節で引用した「**それがひどいことということですね.**」という証言だった.

　山内鑑定書のヒ素濃度が検出下限に達していないことが判明した経緯を『冤罪白書2021 Vol.3』（pp.220–224）の原稿として出版社へ送り，田口判決（2022.3.11）の5か月前（2021.11.1）に出版されていた.「**これが『山内博による最も悪質な鑑定不正』**だと河合意見書27で指摘した.」という文章も9月4日の投稿原稿に書いてあったから証言したのだ．その数段落を『冤罪白書2021』から引用しよう.

　　「**4．検出下限のごまかし**

　　頭髪を鑑定した山内助教授の出版論文を集中して読んでみたことがある．私もコロナ時代の前は，1週間に1回くらいの頻度で東京の研究会や委員会に出席していた時期もあった．そんな出張の新幹線で山内助教授の論文を京都から東京までの乗車時間に数十報まとめて見直してみたことがある．山内助教授はヒトの頭髪やハムスターの体毛を分析する場合，いつも500ミリグラム（=0.5グラム）を水酸化ナトリウム溶液に溶かして分析していた．ところが林真須美の頭髪に限って，鑑定したのは50ミリグラムだったことに東京駅に近づいたころに気付いた．日本人の頭髪15センチメートルが1ミリグラムの重さだと言われているから，50ミリグラムの頭髪は15センチメートルの頭髪に換算して50本に相当する.

　　東京駅に到着し，さくら通りを茅場町方面に「なんか変だな」と思いながら歩き，鉄鋼会館ビルの会議室で委員会に出席した．約15名の出席者は全員が分析化学専門家だった．トイレ休憩の時間に，ちょうど隣の席に座っていたある大学の名誉教授に『いつもの十分の一の試料量しか分析しなかったらどうなりますか？』と茅場町まで歩きながら感じたモヤモヤを漠然と聞いてみた．感度が1桁悪くなるね，と優しく教えてくれた（このとき「検出下限」という専門用語だったと思うが，本稿ではわかりやすく「感度」に言い換えてある）．これを聞いてすべてを理解した.

　　こう言われても何のことかピンとこないかもしれない．カルピスは4〜

5倍に希釈して飲むが，もしもコップの1/50しかカルピス原液を入れずに，コップ一杯まで水で希釈したらどんな味になるかを想像してほしい．山内鑑定は5倍希釈のカルピスの味をやっと感ずる感度しかなかったと喩えれば，50倍も希釈すればカルピスの味は感じなかったことがわかる．鑑定実験ノートもつけず，チャートレコーダーからデータが『用紙で出てくる』と『JIS規格のプラスチックの物差し』で『ピークの高さを測るという手法』でコンピュータに直接キーボードから数値を入力して濃度を算出したと1審第51回公判で証言した理由も理解できる．山内鑑定が検出下限に達しなかったことの統計学的な証明は拙著《『鑑定不正』p.133》に，分析化学的な証明は大阪高裁へ提出した意見書に書いた．私は，大阪高裁へ提出した2017年9月24日付意見書25で，『山内が通常行う頭髪分析の1/10の感度しかなかったことになり，甲63の林真須美頭髪の数値は「検出感度」以下』（p.135）だったので何も検出していなかったと指摘し，これが『山内博による最も悪質な鑑定不正』だと河合意見書27《2017.10.7新弁112》で指摘した．

　大阪高裁 樋口裕晃裁判長らは，2020年の再審請求即時抗告棄却決定で，検出感度に達していなかったという河合の指摘には一切触れていない．河合意見書27で「最も悪質な鑑定不正」だと指摘したのに，それに何の反応もしないまま再審請求を棄却した．反論できなかったのだ．」

　山内鑑定書の検出下限に不正があることに気づいた時の経緯を『冤罪白書2021』にたまたま書いたから，「河合教授は……経験はなく，……認識していない」という田口判決(2022)が間違いだと示すことができた．私が気づいたのではないから，私が認識しているか否かは無関係だ．もちろん，私は「トイレ休憩の時間」どころか，「1桁悪くなる」と聞いてすぐに山内鑑定のゴマカシを理解した．

　学問の専門性は，どこまでも細分化するから，どんなに専門が近くても「認識していない」と田口判決のように強弁することはできる．私は1990年代に私の研究室の島津製作所製の原子吸光装置を，京都大学物理工学科の2つのコース（1学年計約90名）の3回生の学生実験に供出して，亜鉛(Zn)分析を学生実験に導入した．亜鉛とヒ素とは，原子吸光分析では光源のランプが元素ごとに違うだけだ．それでも「砒素の濃度を測定した経験はなく」と判示された．だから「ある大学の名誉教授」が誰かは，しばらく開示しないほうがよさそうだ．

この田口判決(2022)の雑な論理はいったい何だろうかと思う.

『冤罪白書』に書いたカルピスの希釈率が理解できれば，山内鑑定が不正な鑑定だと誰でも認識できる．複雑なプロセス(工程)を，単純なプロセスに分解して理解するのが学問だ．「**超低温捕集－還元気化－原子吸光光度計**」の前段の頭髪溶解工程はカルピスの原液を水で薄めるのと本質的に同じだ．

コップを2つ並べ，それぞれにカルピスの原液をコップの1/50と1/5入れ，コップ一杯まで水で薄める様子を見せれば，小学校入学前の子どもでも濃い方のコップを選択する．これが検出下限の認識だ.

10.3. 検液中の頭髪量が1/10になれば，10倍のヒ素を頭髪が含まなければ検出できない

山内教授は，頭髪をいつも500mg分析してきた．図表10の「**正常値(100名)**」の分析値も，頭髪500mgを分析した場合の定量値だ(第8章)．ところが林真須美頭髪は，左前・右前・右後・左後を各50mgずつしか分析しなかった．十分の一の頭髪量を分析した場合，頭髪1g当りに換算すると10倍の量のヒ素が頭髪に付着していて，500mgの頭髪を溶かした検液が含むヒ素量とようやく同じになる．「**被告山内が，砒素の検出限界を1mL当たり0.5ng(0.0005 μg)と述べていることからすれば(甲106・11，12頁)**」(10.1節)，林真須美の頭髪1g当りのヒ素濃度の「**検出限界は，0.32 μg/頭髪1g**」と計算できる．ナノ(n)は 10^{-9} ＝1/1,000,000,000，マイクロ(μ)は 10^{-6} ＝1/1,000,000，ミリ(m)は 10^{-3} ＝1/1,000を意味し，グラムでもメートルでもリットルでも3桁ずつ変化する.

図表10にリストされた林頭髪の左前・右前・右後・左後のどの数値も頭髪1グラム当りに換算したヒ素付着量は0.32 μgを下回るから，図表10の林頭髪のヒ素は検出できるはずのない架空の濃度だとわかる．この指摘に対して，田口判決(2022)は「**河合教授は，……毛髪中の砒素の濃度を測定した経験はなく，……認識していない**」から，「**被告山内が検出限界を超えていない数値を計測したとは認めるに足りない.**」と判示した．京都大学には30年と2か月，そのうち21年8か月を教授として元素分析の分野で世界の最先端の研究と教育を実践してきた私は，認識していないそうだ．これについては，私の証言が正しかったことを本書の残りで多角的に述べてゆく.

＊　　　　　＊　　　　　＊

「無機ヒ素暴露の生物化学的モニタリングに関する研究」と題する山内博著，日本衛生学雑誌，49, 973–983 (1995) (DOI:10.1265/jjh.49.973)には，「**生体試料（尿と血液は2mℓ，頭髪と組織は0.5g）は耐熱性の10mℓのプラスチック試験管に取り，これに2N-NaOH 5mℓを加え，95℃で3時間加熱処理**」したとき，「**この分析法でのヒ素の検出限界は0.5ng/mℓ**」とある．尿や血液などの液体試料は2mℓを，頭髪や内臓などの試料は0.5グラムを2mℓ(検甲63)や5mℓ(日本衛生学雑誌)のNaOH水溶液に溶解するから，最終的な検液に対する検出下限が「0.5から1ppb」だ．以下は小学6年レベルの算数の比例計算だと示すのが目的だから次節までスキップしてかまわない．

＊　　　　＊　　　　＊

山内鑑定書(検甲63)には「《林真須美》頭髪は約50mgを耐熱性のプラスチック試験管に取り，これに2N－水酸化ナトリウム溶液2mℓを加え100℃で3時間加熱分解し，測定試料とした.」「還元用の反応液は，10％－シュウ酸溶液(pH1.5) 30mℓを用いた．無機の3価砒素 (As(Ⅲ))を特異的に測定するために，砒素の還元用の反応液は10％－フタル酸カリウム (pH3.5) 30mℓを用いた.」と書いてある．山内論文には「**20%NaBH₄溶液4mℓ**」などと書いてあるが，検甲63鑑定書にはNaBH₄液量の記載はないから無視して(無視すると検出感度は最良になる)，液量32mℓ中のヒ素の「**検出限界**」をxとすると，比例式

$$1\,\mathrm{m}\ell : 0.5\,\mathrm{ng} = 32\,\mathrm{m}\ell : x$$

から$x = 16$ngのヒ素が頭髪に付着しているときが検出下限となる．1 ngは1 μgの1/1000だ．頭髪1 g(＝1000mg)当りに換算するためには，頭髪50mgを分析したなら，

$$50\,\mathrm{mg} : 1000\,\mathrm{mg} = 16\,\mathrm{ng} : y$$

という式から，頭髪1 gあたりの検出下限として$y = 320$ng＝0.32 μgを得る．頭髪500mgなら，頭髪1 gあたり，0.032 μgを得る．

以上が，田口判決(2020)にある「**検出限界は，0.32 μg/頭髪1g**」の計算手順だ．簡単な比例計算だ．比例式の学習は，Webによると小学6年だそうだ．田口判決(2020)は，私が小学校6年生レベルの算数も認識していないと判示したに等しい．京大教授も馬鹿にされたものだ．

ところでいつも500mgの頭髪を分析してきた山内助教授が，林真須美頭髪は50mgしか分析しなかった．1998年10月10日に小説『悲素』の主人公沢井教授が和歌山東警察署署長室で，肝吸の添えられた最高級の鰻重の昼食を食べながら「でしたら，左右の前頭部，左右の後頭部，頭頂部というように，五

ヵ所くらいに分けてとるといいでしょう」「何本くらいを？」「各部位4～50本もあれば，分析可能なはずです．<u>新品の鋏で，根元から切ることです</u>」(4.3節)と話していた．小説と現実の混同は避けるべきだが，現実世界では「<u>新品のはさみで，</u>被告人の右側前頭部，右側後頭部，左側前頭部，左側後頭部及び頭頂部の5か所から各数十本，合計で少なくとも200本程度の毛髪が採取された．」（小川判決2002p.392）.「加門警部は，同研究室で毛髪資料を取り出した際，頭頂部の毛髪を忘れたことに気が付いたが，捜査官として鑑定資料を忘れるということは恥ずかしいことであったので，山内助教授に対し，<u>頭頂部の毛髪を持参し忘れたことは話さずに，</u>被告人の毛髪4か所分を渡した．山内助教授は，その毛髪資料について砒素含有の有無について鑑定することとした（以下，この鑑定を「甲63鑑定」という．）．」（小川判決2002p.394）

先述したが，日本人の頭髪は，長さ15cmが1ミリグラムと言われる．

小説の内山助教授は，九大医学部沢井教授が頭髪は各部位4～50本もあれば分析可能なはずだと言ったことに異議を唱えず分析したことになる．事実と小説との混同は避けるべきだが，現実の山内助教授は，最初からヒ素を検出するつもりなどなかったことが，著者帚木蓬生も意図しなかった小説『悲素』から判明した新事実だ．

10.4. 検出下限に達していなかったことの別証

第8章図表11には「**正常値（100名）**」という数値がリストされている．この中のDMA0.020という数値を用いると，山内鑑定の検出下限を別の考え方で知ることができる．

第8章では，山内鑑定書検甲63の「**正常値（100名）**」は，図表11に示したとおり，もともとYamato(1988)論文に起源をもつ数値だったことを明らかにした．ところが図表11に示したYamauchi(1997)のDMA値だけが0.022となっていて，図表11の他のDMA値0.020とは少し違う．0.022は，ミスプリかもしれないが，0.020では，0.020±0.021の引き算が−0.001になる．DMA値は健常者100人の頭髪を分析した結果を統計処理したものだから，100人のうちマイナスのヒ素濃度の人は一人もいない．ところが検出下限に近づくと，分析装置は不規則な分布を示す．それをガウス分布で近似したから−0.001になったのだ．だから，0.020が検出下限の近傍だとわかる．Yamato(1988)は500mgの頭髪を分析したが，林頭髪は50mgの頭髪だったから，その10倍の

0.2が林頭髪の検出下限になる．0.2とは，頭髪1g当たりに含まれるヒ素(この場合はDMAが含むヒ素)が0.2μgを下回ると，分析化学的に検出したと報告したり，定量値を報告したりできなくなる濃度のことだ．

　Yamauchi(1997)には他にも事実に反する記載があった．たとえば1984年の「パーマコロジー」ではガラス製試験管を使っていたが，Yamauchi(1997)では「パーマコロジー」論文は「**ポリプロピレン試験管**」を使ったと書いてある．山内助教授は不都合な過去の論文を意図的に改ざんしてYamauchi(1997)を書いた．世界中の主要なヒ素研究者の前でガラス製試験管を使っていたとは口が裂けても言えなかった．それと同様に，マイナスの濃度を示すのはまずいと思ったのかもしれない．

＊　　　＊　　　＊

　統計上マイナスの濃度となる濃度から，0.5gの頭髪を分析した場合の山内鑑定の検出下限は，頭髪1グラム当たりヒ素0.020マイクログラム近傍だと判明した．10.3節では比例式を使って頭髪500mgを分析した場合の検出下限が0.032と導いたが，本節で見積もった0.02は，全く異なる考え方で見積もったにもかかわらず，よく整合している．このように複数の方法で検出下限を見積もると，3倍程度異なることも珍しくない．

　0.02～0.03あたりが500ミリグラム頭髪を分析した場合の，山内分析方法の検出下限だから，それを10倍した0.2～0.3が頭髪50ミリグラムを分析した場合のヒ素の検出下限となる．頭髪1g当りのヒ素重量で示した値だから，DMAでも無機ヒ素でも同じ検出下限だ．山内鑑定では実際には検液を2液に分けて分析したから，検出下限は，さらに2倍悪い数値0.4～0.6(頭髪50mgの場合)になるが，2液に分けない場合の検出下限でも，図表10の林真須美頭髪のヒ素量は，0.2にさえ達していない．

　マイナスの数値から見積もった検出下限は，良い検算になった．たいていの分析技術者は，これくらいのことは普段から確認しながら定量分析をしている．だから「**河合教授は**」「**被告山内が実際にどのように砒素を測定するかについては認識していない**」というのは重ね重ね，あまりにも失礼な判示だ．

10.5. 山内鑑定手法は科学捜査研究所レベルでは絶対に不可能

　小説「『悲素』における内山助教授の分析手法」(4.7節)で引用したとおり，「**この一連の操作が簡単ではない．分析の自動化が困難で，手技の熟練も要す**

る．液体窒素も必要なので，一般の分析機関での測定はできない．県警本部に設置されている科学捜査研究所レベルでは絶対に不可能である．警察庁科学警察研究所でも，はたして設備をもっているかどうかは疑わしい．」と，無機ヒ素として一括分析する分析操作でさえ「科学捜査研究所レベルでは絶対に不可能」と小説の主人公 九州大学医学部 沢井教授は言う．ところが現実世界では，和歌山県警で鑑定嘱託がだされたその日のうちに，山内助教授は検出下限に達していないヒ素定量値を得ていた．これは，極めて不自然だ．そのうえ，次章で指摘するとおり，DMA値は検出下限に達しない濃度だったにもかかわらず，あり得ないほど高精度の数値が検甲63鑑定書に書いてあった．

購入した新品のプラスチック製試験管は，時間に余裕があって，鑑定にできるだけ近い日時に，高純度の酸で洗い，乾燥しておく必要がある．プラスチック製試験管の使いまわしはしない．酸洗に問題がないことを，本鑑定と同じ条件で頭髪だけを入れないブランクテスト(空試験)を行ない，本鑑定の前にチェックしておく．ブランクテストとは実験器具や高純度水や試薬などがヒ素に汚染されていないことを確認することだ．鑑定書にブランク値の記載がないから，ブランクテストをやっていないのだ．ブランクテストを行なわなかっただけで，鑑定書の信頼性はゼロだと言ってよい．

本鑑定のときにも，ブランクテストをもう一度行う．

実験器具などが汚染されていれば，「裁判所から鑑定処分許可状を取」って採取した林真須美頭髪がすべて無駄になる．水素化ホウ素ナトリウム$NaBH_4$溶液の作り置きはできない．

「12月9日に請求人の左側前頭部，右側前頭部，右側後頭部，左側後頭部の4か所から採取」(樋口2020p.44)後，12月11日に鑑定嘱託書を受けとり，12月11日のうちに分析結果が出ていた．

回収率のチェックも必須だ．回収率は何％だったのだろうか？　過去の山内論文では回収率が2000％だった例もある．600％だったこともある(11.2節)．

次章の「高精度すぎるDMA分析値」(11.1節)で述べるとおり，検出下限に達しないヒ素濃度がアリエナイほど高精度で定量された数値が検甲63鑑定書に記載されていた．分析せずに数字をねつ造した証拠だ．鑑定作業の唯一の証拠となるチャートレコーダーの記録紙を山内助教授は裁判に提出するつもりだと証言したが，提出しなかった．山内鑑定人が正しく鑑定したことを示す唯一の証拠となるチャートレコーダーの記録紙は存在しない．

第11章
補足とまとめ

11.1. 高精度すぎるDMA分析値

　小川判決（2002）の「山内助教授の分析結果」と題する節には，「山内助教授は，前記アを前提に，被告人の４か所分の毛髪について，無機砒素（３価砒素と５価砒素の総計になる），無機の３価砒素，ジメチル化砒素（DMA）を，超低温捕集－還元気化－原子吸光光度計により測定したところ，別表５『被告人毛髪中砒素濃度一覧』《本書図表10》のとおりの結果が得られた．この分析結果によれば，被告人の毛髪は，<u>体内性の砒素であるDMAについては，どの部位もほぼ同じであるが，無機砒素については前頭部の砒素量が後頭部に比べ３，４倍多く，特に右側前頭部からは通常は検出されない無機の３価砒素が検出された</u>．」（p.396）と書いてある．DMAは食物による内因性だが，無機の３価ヒ素は，頭髪に亜ヒ酸As_2O_3粉末が外部付着した可能性が高いとされた（外因性）．

　本書図表10を見ながら「体内性の砒素であるDMAについては，《頭の》どの部位もほぼ同じであるが，無機砒素については前頭部の砒素量が後頭部に比べ３，４倍多く」という小川判決（2002）を読むと，同一人物の頭髪だから，体内性のヒ素に起因するDMAが，左前，右前，右後，左後の「どの部位もほぼ同じ」と言われれば，たいていの人は納得する．

　しかし，普段から実験を行なっている私は，何かおかしい，と感じたのが「体内性の砒素であるDMAについては，どの部位もほぼ同じである」という部分だ．検甲63で検査した林真須美の頭髪量は各部位50ミリグラムだった．

　何かしっくりしないから，図表10の林真須美頭髪のDMA値0.026, 0.037, 0.031, 0.029の平均と標準偏差を計算してみた．４つの数値を足して４で割ると0.03075が平均値だ．４つの測定値(0.026, 0.037, 0.031, 0.029)と平均値0.03075の差を２乗平均して平方根を取ると標準偏差になる．標準偏差として0.0040を得る．Excelで関数STDEV.Pなどを用いれば標準偏差が簡単に得ら

第11章　補足とまとめ　**141**

れる．山内鑑定書と同じ桁まで四捨五入して，

（平均）±（標準偏差）＝0.031±0.004

を得る．0.031は500ミリグラム(0.5g)を分析する場合の検出下限(0.02〜0.032)ギリギリの濃度だから(第10章)，同一人物からサンプリングした4検体であっても，±0.004は小さすぎる．標準偏差をわかりやすく言えば測定誤差のことだ．つまり，精度が良すぎるのだ．

検出下限0.2μg/gの分析装置で0.02μg/gを分析したら，0.004μg/gの精度で濃度が一致したことを意味する．この3つの数値0.2，0.02，0.004をそのまま長さに比例転写して，定規で紙の厚さを測ることに喩えれば(0.2, 0.02, 0.004を5倍すると1, 0.1, 0.02になるから)，1mmが最小目盛りの普通の定規で0.1mmの厚さの紙を4か所測ったら，±0.02mmの測定誤差で紙の厚さが測定できたことを意味する．普段から実験データに接している分析化学研究者としての私の経験に基づく喩えだ．DMAは外部付着ではなく「**体内性**」だから，頭髪のどの部位も同じ濃度になるとはいえ，この小さすぎる標準偏差は異常だ．精度が良すぎるのだ．

ただし，測定値は偶然に支配されるから，検出下限に達しない濃度を測定した場合でも，林頭髪の4か所とも例えば0.026に偶然一致するような稀有な事象が4回連続することもpossibleだ(2.1節参照)．喩えれば，人生で4回しか宝くじを買ったことがなくても，その4回とも宝くじの一等に当たる確率はゼロではない．4回とも一等が当たった人がいてもおかしくない．検甲63の林頭髪のDMAの誤差(標準偏差)＝±0.004は常識外れに小さすぎるだけだ．

でも，人生で4回しか宝くじを買ったことがない人が，4回とも1等だった，と聞いたら，変だ，と普通は感じるはずだ．蓋然性が低い，probableではない(2.1節参照)．

＊　　　　＊　　　　＊

私は京都大学大学院工学研究科で「物質情報工学」という講義を20年以上講述してきた．この講義を基にして『物理科学計測のための統計入門 —— 分光スペクトルと化学分析への応用』(アグネ技術センター)と題する書籍を，河合研出身の若手研究者3名と共著で2019年に出版した．

『物理科学計測のための統計入門』は，様々な学術誌で好意的な書評をもらった．例えば「**本書が一般的な教科書と大きく異なる点は二つあるように感じる．一つは，節ごとに参考文献リストが記載されているが，単なる文献情報だけでない点である．当該文献の学術的理解のための補足事項のみならず，歴**

史的な背景に及ぶ学術の発展過程に及んでおり、刺激的な内容でありその時代背景に引き込まれる。《もう一点は省略》」(渋谷陽二, 日本材料学会「材料」2020年69巻6号470頁, DOI: 10.2472/jsms.69.470) とか、「**本書は河合教授が研究室で普段から研究に用いている方法やコツをまとめたものになっています。化学分析に従事している方のみならず、多くの研究者、技術者に是非とも読んで頂きたい書籍です。**」(白木将,「表面と真空」2020年63巻9号502頁, DOI: 10.1380/vss.63.502) 等の書評をもらった。

こうした統計学の私の経験をもとに判断すれば、図表10のDMA値、すなわち山内助教授が鑑定した林頭髪ヒ素濃度は、検出できるはずのない低濃度のDMAが、アリエナイほど高精度で定量分析されていたことを意味する。直感的に説明すれば、同一人物が、連続して4回も宝くじで一等に当選したら、宝くじの真贋は通常より極めて厳重にチェックするはずだ。確定第1審では、証拠として提出すると言いながら結局提出されなかった山内鑑定のチャートレコーダーの記録紙さえチェックしなかった。

修正液で修正した宝くじの番号が1等と同じ数字だから、として高額賞金を払ったのが小川判決 (2002) だ。

11.2. 米国科学アカデミーもYamauchi (1989) の分析値がおかしいことを指摘

図表11の脚注に引用したYamauchi(1989)論文には、100名の頭髪ヒ素分析値以外に、日本人健常者102名の尿中の無機ヒ素濃度値が11.4μgAs/ℓと報告されている。米国科学アカデミー(National Academy of Sciences)のヒ素専門家16名からなる委員会は、この11.4が、台湾1.7や欧州1.9より濃度が一桁高すぎると指摘した。この指摘は『Arsenic in Drinking Water(飲料水中のヒ素)』と題する米国科学アカデミーの1999年の冊子に書かれている(第3章 p.59)。このレポートは、330ページを超える冊子だが、DOI: 10.17226/6444から誰でも無料でダウンロードできる。このレポートの存在も西田弁護士が教えてくれた。

この冊子では、台湾と欧州在住者の尿中のヒ素濃度値は、異なる研究者の分析値であるにも関わらず、1.7と1.9という非常に近い数値だが、Yamauchi(1989)の日本人健常者の尿が台湾や欧州在住者より6倍高濃度(11.4μgAs/ℓ)の無機ヒ素を含む理由を考察している。日本では、まず海産物の消費量が多く、

第11章 補足とまとめ **143**

海産物に含まれるアルセノ糖は体内でジメチルアルシン酸へと代謝される．このジメチルアルシン酸が尿の保管中や分析中に脱メチル化するために無機ヒ素濃度値が1桁も高くなったのだろう，とYamauchi(1989)の無機ヒ素濃度値が高濃度すぎる理由を米国科学アカデミーのヒ素専門家たちは書いている．

　この高すぎる無機ヒ素濃度値は，もともと，Yamato(1988)が日本人健常者102名の尿の総無機ヒ素濃度平均として$12.7 \pm 7.08 \mu$As/ℓと報告したものだ．山内助教授はYamatoの数値を補正したと述べたうえで，$11.4 \pm 5.85 \mu$gAs/ℓをYamauchi(1989)に報告し，米国科学アカデミーは，山内助教授の補正値を11.4 ± 5.9と四捨五入した上で，脱メチル化の可能性を指摘した．

　1988年のYamato論文は，ガラス製試験管を使わなかったから，ガラス以外の原因で尿中の無機ヒ素濃度値が6倍高濃度になったことになる．回収率で表現すれば600％だ．

　脱メチル化は尿に限らず，頭髪の分析中にも起こる．だから山内頭髪鑑定が正しくない理由は，(i)ガラスの「消泡剤」（「そこまでおっしゃらないでください．《ガラス製試験管からのヒ素の》コンタミネーションは否定はしませんよ」という山内証言〔8.3節〕）以外にも，(ii)米国科学アカデミーが指摘するジメチルアルシン酸の脱メチル化，(iii)9.1節のBraman論文にある$NaBH_4$と反応させてジメチルアルシンガスを発生後にジメチルアルシンが酸化されたり，(iv)Shraim論文(2001)が指摘するアルカリ性でのヒ素の酸化や，(v)化学では常識となっている酸性でのヒ素の還元など，様々な要因が指摘できる．前節で指摘したとおり，(vi)データねつ造の蓋然性も高い．

　北里大学大学院山内博教授(当時)は，「山内論文（1980年）から1999年に作成した鑑定書作成時期までの間の研究成果の積み重ねにおいて適時修正を的確に行った結果，交絡因子の影響が除去され，例えば正常者（健常者）の頭髪中の無機三価ヒ素は山内事例では100名においても不検出のレベルであることが新たに確認され，的確に修正を行った」(2014.12.12山内意見書pp.1-2)と反論するのみで「交絡因子」や「至適条件」(6.2節)を何ら具体的に明らかにしていない．ガラスに消泡剤として含まれる亜ヒ酸を，生体に含まれる亜ヒ酸だと間違えて1985年まで(ガラスを使わなくなったのは1985年出版の論文であって1984年ではない)分析していたことは，民事裁判で認めたが，まだ山内教授が隠している「交絡因子」や山内教授自身さえ気づいていない「交絡因子」があるはずだ．山内教授が民事裁判でこだわった「U字管」もその一つだ．だから学会での研究発表とそれに対する議論は重要だ．日本ヒ素研究会という学会

は，先述したとおり「**聖マリアンナ大学の山内先生という方は，これはヒ素の分析では日本で第一人者ですし，世界的にも有名な方**」(75回p.29)だとして，こうした議論をしてこなかったのだろう．

11.3. 第6章から本章までに述べた㋺3価無機ヒ素山内鑑定に対する結論

　山内鑑定書検甲63は，原告代理人西田弁護士が見つけたように，3価無機ヒ素の分析手順ではなく，DMAAとTMAの分析手順だった．いや，検出さえしていなかった．濃度も低すぎるし，測定精度も良すぎる．ねつ造した架空の数値だ．

　1988年のYamato論文から1997年のYamauchi論文に至る，図表11にリストした3つの論文の数値を比べれば，山内鑑定書(検甲63)の「**正常値 (100名)**」はYamato論文の数値をネカト(ねつ造・改ざん・盗用)したことは明らかだ．試料量が1桁ちがう分析値を，試料量が違うことを隠して比較してはならない．3価無機ヒ素が分析項目になかったことを「分析したが検出しなかった」とウソを書いてはならない．検出下限に達していない数値を，検出したと報告してはならない．山内助教授の研究室(Yamato含む)では3価無機ヒ素は1984年の「陸水」の論文を境に，分析項目から除外していた．「**正常値 (100名)**」として，Yamato(1988)の検査項目にない3価無機ヒ素を「**不検出**」だとして鑑定書検甲63に不正記載したのが山内鑑定書検甲63だった．

　Shraim(2001)は，山内助教授が用いた林真須美頭髪鑑定方法では，アルカリ(NaOH)溶解の間にAs (Ⅲ)は，ほぼ全量がAs (Ⅴ)に酸化されることを実験的に調べて論文として報告した．山内鑑定方法では頭髪に3価無機ヒ素がもともと含まれていたかどうかはわからない．山内教授は，このShraim論文を関知しないとする趣旨の意見書を大阪高裁へ提出したが，科研費の成果報告書によって，「回答に先がけて断っておく」(9.4節)という主張がウソだとバレている．Shraim(2001)論文の内容や結論は，フランスのシャルローの教科書『定性分析化学』と同じだから，分析化学的にも信用できる内容だ．

　和歌山県警 米田壮本部長の山内助教授宛鑑定嘱託書(1998.12.11検甲62)の日付は，山内助教授が㋺原子吸光分析によって図表10の数値を得たのと同じ日だ(10.5節)．鑑定嘱託を受けたその日に，検出下限に遙かに達しない定量値が，±0.004の高精度で得られていたことが意味することは明白だ．少なくと

第11章　補足とまとめ　**145**

も DMA は架空の数値だ．真須美頭髪４か所の DMA 値が架空の数値なら，３価無機ヒ素は DMAA と TMA の分析手順で得た濃度だから，３価無機ヒ素濃度も架空の数値だということになる．山内鑑定方法では，仮に３価無機ヒ素が頭髪に付着していたとしても，その大部分は NaOH 水溶液中で３時間煮ている間に５価に酸化してしまうから，３価無機ヒ素は鑑定できない．

＊ ＊ ＊

裁判官は「準用」(5.7節)や「乃至」(5.1節)などの文章術に長けてはいるが，Shraim(2002)の仮説を結論だと読み間違えた決定を書いた(9.5節)．日本語が理解できないのだ．これが日本の裁判官と裁判所だ．

「山内先生の機械で実際にどうやって砒素を検出するのか」というゴマカシに最初に気づいたのは，西田弁護士だ．西田弁護士は「毛髪中の砒素濃度を測定した経験はなく」ても気づいた．

11.4. 1998年12月25日の放射光学会新春座談会

日本放射光学会が発行する学会誌「放射光」編集委員長の尾嶋正治東京大学教授(当時)がシンクロトロン放射光で物質科学を研究する13名の研究者を1998年12月25日(金)に東京大学本郷キャンパスの会議室へ招集して新春座談会を開催した．私も13名の１人だった．この座談会は「放射光」誌1999年第２号〔http://www.jssrr.jp/journal/pdf/12-2/p127.pdf〕に掲載された．

東京理科大学中井泉教授が，PF や SPring-8でカレーヒ素事件の鑑定をしたのはこの座談会の少し前の12月11日(金)〜19日(土)だった．SPring-8の鑑定はテレビや新聞で大きく取り上げられていた．中井教授は座談会終盤まで遅刻して，会議室に現れるなり「記者会見」とか「テレビのワイドショーに出まくりますよ．」などとしゃべりだしたので，私はてっきり，東京理科大学の神楽坂キャンパスで，記者会見を終えてから座談会に来たのだと誤解した．翌日12月26日(土)の記者会見の準備のためだったことは，カレーヒ素事件にかかわるようになって気づいた．

本書で取り上げた民事裁判 田口判決(2022)では，「被告ら《中井・山内両教授》は，本件記者会見《1998.12.26》において，鑑定結果の概要の説明と併せて，当該鑑定結果から原告が行った『悪事』が裁かれるとのを《ママ》表現することによって，原告《林真須美》が本件刑事事件の犯人であることを摘示するものであることを認識した上で，これを摘示したと評価できるから，被告らによ

る本件記者会見における本件説明は，原告《林真須美》の社会的評価を低下させるものであったと認められる（付言するに，被告らは，本件刑事事件の公判開廷前〔しかも，本件刑事事件について起訴もされておらず〕，かつ，被告中井第1鑑定書及び被告山内鑑定書が完成していない時点において，被告中井は検察官から鑑定書等を第三者に見せることは禁止されている旨指摘されていたにもかかわらず，検察官等の積極的な賛成を得ることなく，本件記者会見を実施し，警察や検察から承諾を得ずに資料等を配布するなどしている．このような事実を踏まえると，**本件記者会見は訴訟に関する書類が公判開廷前に公開されることによって訴訟関係人の名誉を毀損したり，裁判に対する不当な影響を引き起こすことを防止するために，訴訟に関する書類について非公開を原則とする旨定めた刑事訴訟法47条や捜査における名誉の保護と捜査妨害の禁止について定めた刑事訴訟法196条にも反し得るものである．）**」（pp.41–42）と判示した．

ただし「**本件訴え提起までに消滅時効が完成しており**」（p.44）として，林の損害賠償請求は棄却した．しかしこの判決は重要だ．林真須美が犯人だとする印象を与えた記者会見が「**刑事訴訟法47条や捜査における名誉の保護と捜査妨害の禁止について定めた刑事訴訟法196条にも反し得るものである**」と判示したからだ．その記者会見の内容は，科警研鑑定書をカンニング（2.7節）したものに過ぎなかった．林頭髪鑑定のpHも不適切な鑑定だった．害意がなかったから，とか，消滅時効によってかろうじて損害賠償請求を回避したに過ぎない．

座談会では「**亜砒酸で初めて放射光が有名になったというのは本当に喜んでいいのかどうか考えてしまう．**」というごく常識的な発言があったが，中井教授はこれに対して「**高エネルギーX線を利用した重元素の分析という点ではScienceなどの雑誌に投稿しても良い位に，第3世代の放射光の有効利用法の一つを実際に示すことができた実験と考えている．**」と反論した．

中井教授は「**毛髪に付着している砒素がppmレベルの極めて微量であり，砒素の励起効率が悪い115kev《keV》というX線エネルギーで分析した**」（5.1節）ため，林頭髪に付着したヒ素がSPring-8では検出できなかった旨の証言をしていた．河合研で自作した懐中電灯なみの微弱X線管を用いた蛍光X線分析装置でもppmレベルの検出はやさしい．林真須美頭髪のヒ素はppmレベルだから世界最高強度のSPring-8では検出できなかったというのが小川判決（2002）だが，最高裁那須判決（2009）は「**被告人の頭髪からも高濃度の砒素が検出され**」たと判示した．確定審の判決だけでも矛盾がある．

第11章 補足とまとめ 　**147**

中井教授が林頭髪鑑定を行なう直前には，聖マリアンナ医科大学山内博助教授が，林頭髪に３価無機ヒ素(亜ヒ酸)を検出していた．中井教授は，そのヒ素(As)が頭髪の特定の部位に局在していることだけを示せばよかった．中井教授は４ミリメートル幅のPFの放射光を用いて，林の１本の頭髪を10センチにわたって分析し，48〜52ミリメートルの１区間にヒ素のX線信号が局在していることを示した．本書ではこの中井鑑定を㋑「48ミリ」と呼んできた．林真須美と亜ヒ酸の親和性がこの鑑定で立証され，林真須美の死刑判決の３理由の１つとなったはずだった．確定上級審や再審請求審の裁判官は３理由の１つだと全員が誤解した．確定第１審小川判決(2002)は「48ミリ」がヒ素の信号ではなく鉛の信号だと知っていたから「48ミリ」の判示を書かなかった．

48ミリの鑑定は中井教授にとって楽勝のはずだった．すでに山内助教授が３価ヒ素を林頭髪から検出していたからだ．しかし山内助教授の「**公式**」(10.1節)では，３価ヒ素が検出できないうえに，鑑定書の林頭髪ヒ素濃度は検出下限に達しない濃度だったことを中井教授は知らなかった．

カレーヒ素事件鑑定は，科警研が対数のレーダーチャートでごまかした亜ヒ酸の異同識別鑑定書をカンニングしたり，検出下限に達しない３価無機ヒ素を検出したとする鑑定書に合うように鉛のピーク(ヒ素ではなく)を検出した鑑定だった．要するに鑑定人たちは，自分の鑑定が頼りにならないことを自覚しながら，複数の鑑定人が，見かけ上，同じ鑑定結果を出したことに安心していたに過ぎない．私は前著で，最初の科警研鑑定には対数を使った不正があったことをあばいた．前著『鑑定不正』では主に亜ヒ酸の異同識別鑑定についての不正をあばいたが，本書では林真須美頭髪のヒ素鑑定について，裁判官も含めた不正をあばいた．

鑑定不正をいくら指摘しても，再審請求審では頭髪ヒ素分析は揺るぎないとされたが，その根拠が，九州大学井上尚英教授のリップサービスにあったことが本書で明らかになった．本文でも述べたが，井上九大教授や作家帚木蓬生の弁明を聞いてみたいと思う．最高裁那須裁判長にも48ミリの鑑定を本書を読んでどう思うか聞いてみたい．

カレーヒ素事件裁判は，分析能力がないことを自覚した鑑定人たちが，「**何とかしてくれる**」と相互依存して，同じ鑑定結果が出たことに安心し，更にそれを悪用して不正な判決を書いた裁判官が作出した冤罪だった．さらに裁判資料を読みもしないで決定を書く怠惰な裁判官たちがもたれ合って，不可能な化学鑑定を，可能だとしつづけた裁判官と鑑定人の不正だ．これは犯罪にはなら

ないのだろうか？

　私が本書を真剣に書けば書くほど，本書は滑稽な本になったらしいが，本書は極めて真面目な本だ．笑って済ませてはならない．鑑定人と裁判官の不正に怒るべきだ．

　分析化学という私の専門分野の知識を使えば，死刑囚には申し訳ないが，図表1に挙げた裁判資料を，つい夢中で読むうちに，裁判官の判決や決定の間違いを発見し，裁判官たちの不正や怠慢や学力不足まであばいてしまった．本書は第3次再審請求弁護団にチェックを受けたことを記して感謝する．本書を執筆する上で，「準用」などの言葉についても弁護団から有益なコメントをもらった．

　本書は，裁判官がいかに気を抜いた裁判を普段から行ない，ひどい判決を書いているかを，カレーヒ素事件裁判から多数を例証した本になった．これは，裁判の問題点を指摘してきた人たちにとっては，あたり前で，今さら言うまでもないことかもしれない．しかし，裁判で実際に正しい証言をしたり，専門家として正しい意見書を裁判所に提出した私が，裁判官の不正や間違いや怠慢を指摘した意味は重いはずだ．林真須美は冤罪であって，カレーヒ素事件で裁かれるべきは裁判所と裁判官と鑑定人だ．最高裁判所は本書で指摘した判決や決定（最高裁のものを含む）を糺す見識と識見をお持ちだろうか？

◎おわりに

　二村真弘監督は数年をかけてカレーヒ素事件のドキュメンタリー映画『マミー』を制作した．私は公開前の試写を見た．この試写を見て最も印象に残ったのは林真須美長男が顔出しで堂々とインタビューに答えていたことだ．

　インタビューに堂々と答える長男と比較すると，当時の検察官など，本来なら，胸を張ってインタビューに応じる正義の側の人たちは，インタビューを拒否したり，逃げ回っていた．

　亜ヒ酸異同識別鑑定を行なった中井教授が映画の中でインタビューに応じて「林真須美さんの家にあった中国産は，スズとアンチモンの高さが大体同じです．それに対してビスマスはその数倍あるわけです．メキシコ産はアンチモンが多いですね．韓国産はアンチモンが少なくてビスマスが多い．《紙コップの》亜ヒ酸は，スズとアンチモンが同じ高さで，ビスマスがその数倍という同じパターンですので，このパターンを見て異同識別をしたわけです．」とSPring-8の蛍光Ｘ線スペクトルを示しながら亜ヒ酸の産出国が区別できたことを説明するシーンがあった．つまり，指紋のように缶を特定したわけではなく，同じ産出国だとわかったにすぎない．

　「スズとアンチモンの高さ」は2.6節で説明した．林家の亜ヒ酸と凶器の亜ヒ酸はどちらも中国産だが，ロットが違う．この引用は私の記憶によるから必ずしも映画のとおりではないが，アンダーラインの３か所は中井教授の言葉を忠実に再現した．要するにSPring-8中井鑑定は，中国産，メキシコ産，韓国産が区別できたにすぎず，鑑定書の「同一物」は鑑定能力を越えていた．この中井鑑定書の「同一物」が裁判で果たした役割は極めて大きい．弁護団が本書に寄せた「刊行によせて」に「勝負はついていた」とその重大さを書くとおりだ．

　中井教授が「林真須美さん」と「さん」付けで，元気なくインタビューに答えていたのも印象に残った．「『同一物，すなわち，同一の工場が同一の原料を用いて同一の時期に製造した』亜砒酸である旨の記載も一部前提を欠くものであったと認められる」（2.2節）と田口判決（2022）に書いてあったとおり，中井教授も産出国しか区別できなかったことを映画で認めたのだ．

　正義のはずの人たちは，なぜ堂々とインタビューに応じなかったのだろうか．正義の立場が，この二十数年間で逆転したことを，映画は示していた．

マスコミ試写のころから，立派に成長して映画でインタビューに答える長男への嫌がらせが増えたので，劇場公開時には映像の一部を加工したという．亜ヒ酸は「同一物」ではなかったから林真須美は冤罪だ．長男に嫌がらせする理由はない．映画では中井教授のインタビューに注目してほしい．私もほんの少し映画に出ている．

　現代人文社の成澤壽信さん，吉岡正志さんには，刑事弁護OASIS連載と本書出版の機会をいただき，また，型破りの注文を聞いていただき，感謝している．

2024年9月5日

河合 潤

【本書に関連した河合の著書】

・『蛍光X線分析』(共立出版，2012)．

・『物理科学計測のための統計入門』(アグネ技術センター，2019；増補改訂eBook，2021) 共著．

・『鑑定不正』(日本評論社，2021)．図表5cの原図を掲載した書籍．

・"X-Ray Fluorescence in Biological Sciences"(Wiley, 2022) 編集及び分担執筆．第38章が本書で扱ったヒ素分析を専門的に解説した章．DOI: 10.1002/9781119645719　序章後半で述べた京都大学図書館機構のKURENAIから無料バージョンがダウンロードできる．

・"X-Ray Spectroscopy for Chemical State Analysis"(Springer, 2023)．図表5cの解説を掲載した．DOI: 10.1007/978-981-19-7361-1

　なお，日本評論社『鑑定不正』(紙版1, 2刷とKindle版)には，つぎの誤りがあるので，この場を借りて訂正したい(3刷以降は修正済み)．

　p.11下から4行目：「1審の主任弁護人だった大阪弁」→2審

　p.15脚注[2]，p.16脚注[1]：indusctivly →inductively (sを削除，eを追加)

　p.133下から11行目：「0.021，TM検」→TMA

　p.139上から3行目：「日本公衛誌，26, 357–362」→31巻

◎著者プロフィール
河合潤（かわい・じゅん）
京都大学名誉教授．1957年生まれ．1982年，東京大学工学部工業化学科卒．京都
大学工学研究科教授（2001～2023年），専門は分析化学，X線分析．著書に，『鑑
定不正──カレーヒ素事件』（日本評論社，2021年），"X-Ray Spectroscopy for
Chemical State Analysis"(Springer-Nature, 2023) などがある．

和歌山カレーヒ素事件 判決に見る裁判官の不正

2024年10月5日　第1版第1刷発行

著　　　者	河合　潤	
発 行 人	成澤壽信	
発 行 所	株式会社現代人文社	

〒160-0004　東京都新宿区四谷2−10　八ツ橋ビル7階
Tel: 03-5379-0307　Fax: 03-5379-5388
E-mail: henshu@genjin.jp（編集）　hanbai@genjin.jp（販売）
Web: www.genjin.jp

発 売 所　株式会社大学図書
印 刷 所　株式会社ミツワ
装　　帕　加藤英一郎

検印省略　Printed in Japan
ISBN978-4-87798-867-8　C3032
© 2024 Kawai Jun

JPCA
日本出版著作権協会
http://www.jpca.jp.net/

本書は日本出版著作権協会（JPCA）が委託管理する著作物です。
複写（コピー）・複製、その他著作物の利用については、事前に
日本出版著作権協会（電話03-3812-9424, e-mail:info@jpca.jp.net ）
の許諾を得てください。